英文ビジネスEメールがサクサク書ける

自律的ライティングのすすめ

戸田博之 著

研究社

はじめに

この本は、こんな人に読んで欲しい

　私は、ビジネス英語講師です。
　企業からいただく授業内容に関する要望の中では、ビジネス現場で使う英語の基礎力（英文法等）を鍛え直す、プレゼンテーション能力を磨くといったものが多くなっています。もちろん、TOEICを中心としたテスト対策のご要望も多くあります。
　今はこのような生業の私も、4年前までは30年以上金融業界で働いてきました。日本の銀行では、国内での海外関連業務（海外拠点の支援業務および国内での外国企業との合弁会社立ち上げと運営）に携わり、海外勤務も経験しました。その後外資に転じてからは、海外のノウハウを国内に移転する業務に携わった関係で、英語を仕事の道具として使ってきました。仕事をしている間は、英語を誰かに教えるつもりで磨いていたわけではなく、必要に迫られて使ってきたのです。しかし、4年前の独立後は、仕事をする中で積み上げてきた工夫を、これからグルーバル環境の中で活躍しようとする方々にお伝えすることが自分の役割であると考えるようになりました。
　そうした中で、**日常的なコミュニケーションの手段としてのEメールの重要性の高まり**に注目しています。独立を機に、あるセミナー会社に英文Eメールの書き方講座を開きましょうと提案したところ採用いただき、以来定期的に提供しております。その講座での経験から、多くの方々が、少し英文Eメールを書き始めた頃に、疑問点や不明点が多く出てきて困っている様子がはっきり見て取れるようになりました。こうしたことが原因で、英文Eメールに対するアレルギーとも言えるべきものもあるようです。また、英文Eメールを書く仕事が嫌なので後回しにしてしまい、結局それで残業が増えるといった笑い話のような話も多く聞きます（本人にとっては、決して笑い話ではありません）。

英文 E メールちょっとだけ経験者：
　本書は、こうした講座を提供し、講義中の質問やアンケート結果から知ることとなった多くの受講生の疑問にお答えする目的で書いたものです。かなり書き慣れてきて、自己流のやり方を多く工夫されている方には、ご自身が経験され実際に使っている方法も多く記載されていてやや物足りないかもしれません（自分の方法の正しさの確認にはなると思いますが）。逆に、今後英語環境で働くことになりそうではあるが、まだ英文 E メールを書いたことがない、書くとしても極めてまれという方々には、ピンとこない点が多いと思います。
　この本の内容を最も多としていただけそうなのは、少し書き始めて、分からないことが多い。そうは言っても、周りの人も忙しそうなので、あるいは、恥ずかしくて聞くに聞けない、そんな「英文 E メール・ライティング、ちょっとだけ経験者」だと思います。

TOEIC は頑張ったが、E メールの力はこれからという人：
　TOEIC は、多くの企業で、社員の英語運用能力を測る物差しとして使われています。私自身も、その対策講座を頼まれて教えることもあります。しかし、実務としての英文 E メール能力の獲得が、TOEIC 対策の勉強の中に、あるいはその延長線上にあるかと言われれば、「それは別物」と考えています。
　確かに、TOEIC でも、リーディング・パートの最後のパート 7 に E メールを読む問題は出てきます。しかし、読解を中心に、それも、質問の答えを文章の中から見つけるコツを習得することにほぼ終始する対策勉強では、英文 E メールをすらすらと書けるノウハウはつきません。**書く力をつけるには、やはり多くの E メールを書くしかないからです。**

英文 E メール・ライティングのコツを知っておきたい方：
　こうした方々には、この本をあまり詳しく読んでいただく必要はないかもしれません。しかし、机の上に置いていただいて、ちょっとしたコツを見つけたい時には、きっと役に立つと思います。英文 E メール・ライティングの辞書とまではとてもいきませんが、最低限の知恵が書いてあるハンドブック

として捉えていただければ幸いです。ふとした記述が、これまでのやり方を見直すきっかけになるかもしれません。人間、常に改善余地はあるものです。

企業経営者：

　もし企業経営者で、経費の削減、生産性の向上、従業員のモラルアップ等が課題であるとお考えの方がいらっしゃいましたら、是非この本を読んでみて下さい。海外とのやり取りが多くなっている会社で、英文Eメールを書くことが苦手な従業員が多いとしたら、**英文Eメール・ライティングは、個人の課題でもありますが、会社にとっても課題**であるはずです。**従業員全体のEメール・ライティング力が向上すれば**、次のような効果があり、**会社の業績に大きく寄与する**はずです。

- **トップラインへの貢献**：相手を動かせるライティング力は、仕事を前に進める力です。結果が早く出れば、売り上げの上昇が望めます。
- **ボトムラインへの貢献**：速読力ならぬ速書力は、残業代削減につながり、収益力向上につながります。
- **職場環境向上への貢献**：英文Eメール・ライティングに関わるアレルギーが消えれば、従業員のモラルは著しく向上します。

　英文Eメール・ライティングは、もはや従業員個々の問題ではありません。会社の問題です。人事部、研修部まかせではなく、経営者自身の問題として取り組んでいただきたいと切に願っています。

自律的ライティング力の習得を目指そう！

　ビジネス英語講師業を続ける中で常々感じているのは、「**現在のビジネスシーンにおけるコミュニケーション手段として最も多くの人が最も頻繁に使っているのは、Eメールなのに**」という思いです。

v

図1：仕事上で周囲とコミュニケーションをとる主な手段上位12項目

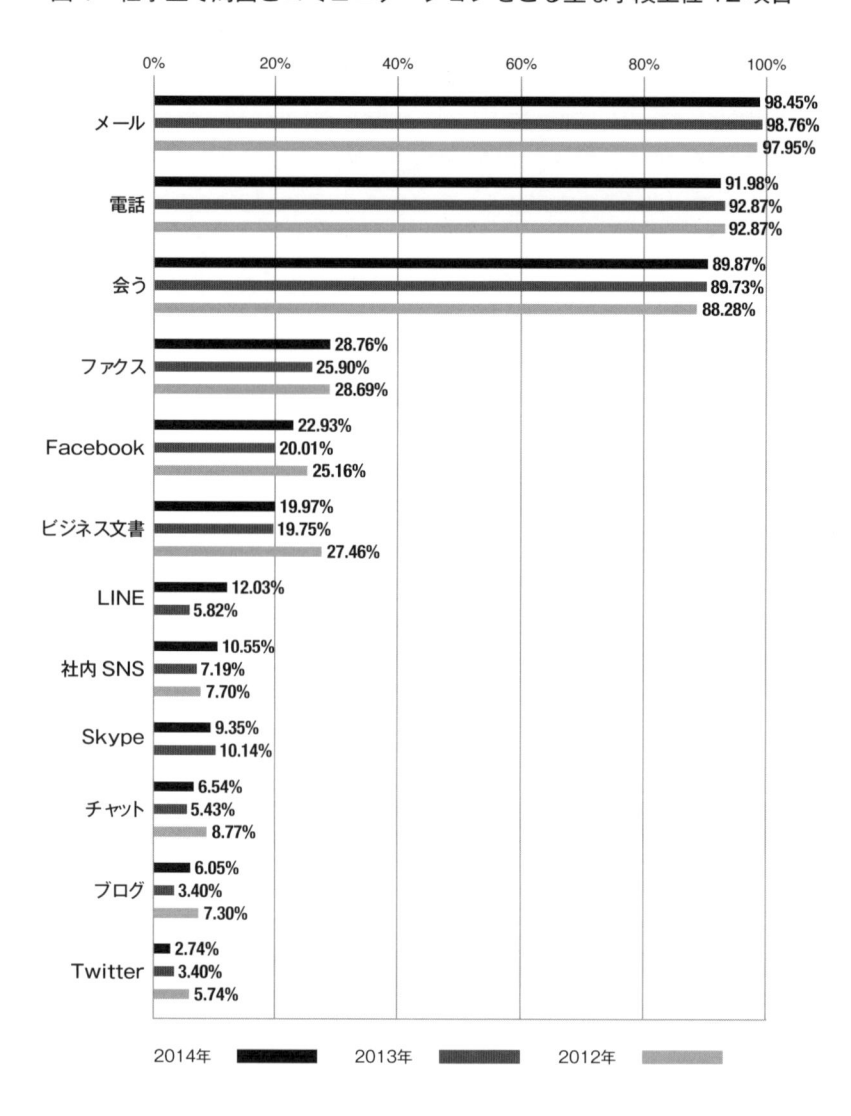

手段	2014年	2013年	2012年
メール	98.45%	98.76%	97.95%
電話	91.98%	92.87%	92.87%
会う	89.87%	89.73%	88.28%
ファクス	28.76%	25.90%	28.69%
Facebook	22.93%	20.01%	25.16%
ビジネス文書	19.97%	19.75%	27.46%
LINE	12.03%	5.82%	—
社内SNS	10.55%	7.19%	7.70%
Skype	9.35%	10.14%	—
チャット	6.54%	5.43%	8.77%
ブログ	6.05%	3.40%	7.30%
Twitter	2.74%	3.40%	5.74%

※ LINEとSkypeは2013年版から調査項目に追加

（株式会社アイ・コミュニケーション「ビジネスメール実態調査2014（平成26年）」）

はじめに

　図1のアンケートの結果を見ると、Eメールの重要性についてはほとんど異論のないところです。しかも、メール・ライティングに関する研修を行なっている企業は、全体の8％にとどまっています。
　このアンケート自体は、日本語のEメールに関するものです。これを英語でのコミュニケーションに置き換えて考えてみると、さらにEメールの重要性は増してくるのではないでしょうか。国内でのコミュニケーションと違い、時差も文化の違いもある中で、母語（英語とは限りません）が違う人々とコミュニケーションを行ない、自分の意図したように相手に動いてもらうためには、作法や考え方に加えて、英語という外国語を使うハンディにまず向き合わなければなりません。そのような環境で、多くのビジネスパーソンが行なっているのが、インターネットを使って、あるいは、英文Eメールの書き方に関する書籍の例文をコピー＆ペースト（以下「コピペ」とします）するやり方です。しかし、**コピペには限界がある**と感じています。
　すべてのビジネスパーソンに、日本語でメールを書くのと同じような感覚で、あまり手間もかけず（日本語のEメールを書くのに、辞書を頻繁に使う人はまれだと思いますので、それと同じように）、さらさらと英文Eメールが書けるようになっていただきたいというのが私の夢ですが、そこまでいかなくても、この本を読んだ方が、**「英語のEメールも、思ったほど難しくなさそうだ」「自分の持っている英語の知識も、案外使えるぞ」**等と思っていただけるようなヒントを多くご紹介したいと思っています。
　ただし、コピペに思いが及ぶ人は、書く意欲があります。問題は、英文Eメール、いやその前に英語自体にアレルギーや嫌悪感を持っている人です。こういう人は、他の仕事を終えて最後の最後に英文Eメールを書く傾向が強いようです。しかし、いったん書き始めると、苦手なため、時間がかかって結果として残業になる、英語がますます嫌いになる、英文Eメールなんてまっぴらだ。こんな悪循環に陥るようです。本書ではこのような人たちにも、「そんなに英文Eメールはむずかしくないんだ」と思えるような情報を提供します。そんな方々にもお読みいただけると幸いです。

Contents

はじめに ———————————————————————————— iii

Part 1
コピペに頼っていませんか、あなたの英文Eメール・ライティング？ —— 1
 コピペの限界 ———————————————————————— 2
 目指すライティング時間 ——————————————————— 4
 発想の転換：学校英語からビジネス英語へ ————————————— 5

Part 2
実践英文Eメール・ライティングの具体的手法 ———————— 9
 1. まず英文Eメールの型を覚える ———————————————— 10
  敬辞の書き方 ——————————————————————— 11
  件名（Subject）—————————————————————— 14
  本文の流れはこう書く ———————————————————— 17
  結びの言葉で相手のアクションを促す —————————————— 18
  こう書いても相手は動きません！ ———————————————— 19
 2. 本文の書き方 ———————————————————————— 21
  第1パターン「時候の挨拶は書かない」—————————————— 21
  第2パターン「第1センテンスを、いつも同じ書き方にする」————— 23
  英文Eメール・ライティングはパズル完成の発想で ————————— 24
  箇条書きというすぐれもの —————————————————— 28
  簡潔さを追求する —————————————————————— 32
  ポジティブに書く —————————————————————— 34
  「よろしくお願いします」が通じない理由（結びの言葉の大切な役割）—— 36
  結辞について ——————————————————————— 38

署名の利用とちょっとした気遣い	39
添付資料のある時は？	41

3. ネイティブでないことを克服する —— 43

悲観しなくても良い理由	43
克服する2つの条件：分かりやすさと正確さ	44
分かりやすい文章とは？	44
再び本文の構成について	45
ポイントを押さえる	49
曖昧な表現を避ける	51
難しい表現を避ける	57
（補足）丁寧さの序列について	59
正確な文章とpolitical correctness	60
英作文は諦めて「英借文」から始める	61
どこからモデルを持ってくるか	63
表記について	66
Punctuation（句読点）	72

4. 相手を動かしビジネスを進めるための3つのテクニック —— 78

明確な期限でタイム・マネジメント	78
理由を添えたら相手は動かざるを得ない	80
時には感情に訴える	81

5. 英文Eメールを速く書く技術 —— 83

英文Eメールを残業の理由にしないために	83
まず足腰を鍛える（スーパー・マトリックスの効用）	83
辞書に頼らず速く書く発想の大転換：5W1H法があなたを助ける	86

Part 3
覚えて活用したい定型表現105（英文Eメール「あるある」表現） —— 93
- メールの書き出し —— 94
- 近況を尋ねる（短くすることがポイント） —— 94
- 自己を名乗る —— 95
- 連絡の目的を伝える —— 95
- 相手からの連絡に対する応答 —— 96
- 自社を紹介する —— 97
- 相手について問い合わせる —— 97
- 会合、会議などを設定する —— 99
- 行き違い等の解消 —— 100
- 感謝 —— 101
- お詫び —— 101
- メールの送受信に関する事務的な表現 —— 102

Part 4
トレーニング編 —— 107
- シナリオ1-1 —— 108
- シナリオ1-2 —— 109
- シナリオ2-1 —— 110
- シナリオ2-2 —— 111
- シナリオ3-1 —— 112
- シナリオ3-2 —— 113
- シナリオ4-1 —— 114
- シナリオ4-2 —— 115

シナリオ5-1	116
シナリオ5-2	117
和訳	118
付録：スーパー・マトリックス	**123**
1. Be動詞の活用	124
2. 一般動詞の活用	125
3. 未来形（助動詞を使う文）	126
4. 現在完了形	127
おわりに	129
著者略歴	131

Part 1

コピペに頼っていませんか、
あなたの英文 E メール・ライティング？

コピペの限界

　過去4年ほど、さまざまな場所で英文Eメールの書き方についてのセミナーや研修を行なってきました。そうしたセミナーや研修後には、ほぼ必ず受講者アンケートを取ります。その中で、どこが良かったかについての質問を行ないます。その中で、「資料の中に、ケース別の例文が多くあって、すぐに使えそうな点が良かった」というコメントをいただくことが少なくありません。この評価に対する私の捉え方は複雑です。もちろん、「良かった」という言葉をもらえたことについては素直にうれしい反面、「セミナーで伝えたかったことは、別のところにある」という気持ちも強いのです。

　世の中には、英文Eメールの書き方に関する書籍がかなりの数出版されており、その中には、添付されたCDに例文が何千と入っていて、すぐに使えるようになっているものもあります。しかし、それを使って実際に仕事をするとなると、果たして効率的な仕事ができるでしょうか。正直、そこが疑問なのです。こうしたやり方には、ひとつずつの文章を最初から作らなくても良い、それらをつなげていけば、メールが「自動的に」出来上がっていく等の利点があると思われます。「英文Eメールはこれで書けてしまうではないか」と思う方も多いと思います。

　しかし、このやり方に問題はないでしょうか？　私は、次のような問題があると考えています。

▶場面にぴったりと当てはまる表現とはならない

　当たり前のことですが、例文はあくまでも例文であって、例文の作成者が、あなたが必要とするすべての場面を想定して、ピッタリな表現を100%提供できることはあり得ません。そうなると、あなたは、なるべく実際の場面に近いところで使えそうな表現を探し続けることになります。その上で、自分の力で調整をし、最終形に仕上げるということになります。この段階ではもはやお手本はないわけですから、「自分で書く力」が求められるのです。

▶かえってスピードが遅くなる

　コピペで時間が節約できると思っている人が多いのではないでしょうか。そこで、さっきお話した英文Eメールの教科書的な本に付いているCDを使って、実際にEメールを書く手順を考えてみましょう。多くの方は次のような手順を踏むのではないでしょうか。

1. 日本語でメールの文章を考える。
2. 1に対応する例文をCDの中に探しにいく。
3. 想定された場面にぴったりと当てはまりそうな表現を見つけ、コピーし、ペーストして一文を作る。
4. 次の文章を日本語で考え、CDから表現を見つけて次の文章とする。

　こうした作業を繰り返していくことになります。

　もちろん、もう少し効率的な書き方をしようとすれば、場面別の一定のシナリオに沿って作成された例文を引いて、それをまるごとコピペした上で、実際の状況に応じて例文中のある部分を変更、削除、そしてCDから別の例文を引いて追加を行なうという方法も考えられます。

　コピペで書く時間を短縮できるのは、本当に状況にピッタリとした表現が、たまたま見つかった場合のみです。実際には、そうした表現が見つからない、あるいは近い表現が見つかったが、その一部を変更し実際の状況に合わせるとなると時間も必要です。また、知恵がなければ、永久にピッタリとした表現にならない可能性だって否定できません。**一見合理的なスピードアップ法と思えるコピペも、実際には時間がかかる**ことが多いのです。

▶自分で書く力が育たない

　真似に終わっている間は、状況に合った表現を探しにいく状態が続くわけですから、あまり能動的に頭を働かせる余地はないでしょう。つまり、「こんな場合に、どんな書き方をすれば、相手はスムーズに動いてくれるのだろうか？」等と考えるよりは、「この表現は、ここにはまりそうだ」といったパズル探しに夢中な状態になっているのです。このパズルがなくなってしまうと、

何もできないままになってしまいます。これでは、長い職業生活の中で、スラスラと英文Eメールが書けるという水準にはとても達することはできません。もちろん、当初は真似が必要であることは当然です。本書を読み進んでいただくと、良いお手本を参考にする、真似ることの実践をお願いする部分がたくさんありますが、**最終的には、そこからあなたは抜け出さなければ自由自在にはなれないのです**。

　最近流行っている言葉の「守破離」は、まず型を「守る」ことから始め、やがてより良い型を作ることで既存の型を「破り」、最後は、師匠や自分の型からさえ「離れて」自在になることができるということだそうです。これにたとえるなら、コピペは、先生の型を見て真似る「守」の段階にいつまでも留まることを意味します。そうではなく、「破」から「離」に達し、自在に英文Eメールが書ける、そんなレベルを目指していただきたいと思います。そうすれば、「スラスラ」の境地に達し、今よりは数段早いスピードで、苦もなく書けていることでしょう。

目指すライティング時間

　例えば、日本語ならば3分くらいで書けてしまうEメール。これを、英文で書く時の目標時間を何分に設定すべきでしょうか。研修の場で、受講者に答えていただくと、意欲的な人でも、「日本語で書く2倍くらい」です。しかし、私は、「3分を目標」にして欲しいと思います。
　納得されるかどうか分かりませんが、こういう例はどうでしょう。
　「ありがとうございます」を英語に直すと、"Thank you very much."
　今あなたがこの作業を行なうとすると、「ありがとうございます」を書くのに要する時間と、"Thank you very much." と書く時間は、どのくらい違うでしょうか。ほとんど変わらないでしょう。もしかしたら、英語の方が速かったかもしれません。どうしてなのでしょう。やや理屈っぽく考えると、こんなことが考えられます。

- 対応する表現を知っていた。
- ひらがなで書くより英語の方が速く書ける。

　文字をパソコンに打ち込むスピードは、日本語でも英語でもさほど変わらないかもしれません。変換の手間がない分、むしろ英語の方が速く書けるかもしれません。違いは、表現がすぐ浮かぶかどうかですが、本書を読んでいただければ、「この場面ではこの表現」という的確な言い方を引っ張り出すコツがつかめると思います。どうせスピードアップを目指すなら、「**日本語も英語も同じ時間**」を目指してみませんか？

発想の転換：学校英語からビジネス英語へ

▶間違いは間違いでも...

　中学校時代に、三単現（三人称単数現在形）なら、動詞の後ろに"s"が付くとしきりに言われたことを思い出す方も多いと思います。しかし、それだけしつこく教わっても社会人になる頃には忘れている人が大勢います。しかし、この三単現の"s"、実務上どれほど重要なのでしょう。確かに、相手とのコミュニケーションにおいて、文法的に正確な文章を書く方が良いことは間違いがないと思います。文法的な間違いがあまりに多いと、「この人をビジネス相手にして、大丈夫だろうか？」と、相手が疑念を抱く可能性も否定できません。しかし、長いEメールの1ヵ所にこの"s"がなかったからといって、実際の商売の上で支障が出るかと言えば、それはあまり考えられません。それよりも支障が大きいと思われる間違いは、次のようなものです。

- 取引先名や担当者名：人は、自分の名前には敏感なものです。
- 日付：間違えると、遅延損害金、利息等余計なコストが発生します。

　以下は、いわずもがなでしょう。

- ● 商品名／商品番号
- ● 数量
- ● 通貨単位

　こうした情報を間違えてしまうと、具体的な損害が発生する可能性が高くなります。三単現の"s"が欠けていても、上記のような基本情報が間違いなく書かれていれば、ビジネス上のトラブルは起こらないでしょう。ポイントは、**「どこが間違いか」を見極める上では、学校英語とビジネス英語は別物である**ということです。

　また、後述しますが、学校英語では、ある文の意味をどう正確に日本語から英語へ、または英語から日本語へ訳すかという文単位の正確性が求められます。一方、ビジネスにおいては、例えば報告書、提案書、メールにしても、ひとつひとつの文の文法的な正確さもさることながら、**全体としての論旨の流れがすっきりとして分かりやすいか、読み手が書き手の意図を理解し的確に動いてくれるかなどの、実質的な説得力**が問われます。一文一文が文法的に正確なものであっても、論旨がすっきりしない、あるいは結論がなかなか分からないでは、相手は読まない、したがって仕事が前に進まないこととなります。書いた文章に求めるものが異なるのです。したがって、コピペである日本語の文章を英語に直すことができても、それがイコール良いEメールとならない。この点もご理解いただけるのではないでしょうか。

▶プロにはスピードが必要（自律的ライティング力が必要な理由）

　私は研修の際に、「日本語で、あなたが、このEメールを書くとしたら何分くらいで書き終えますか」と問います。先に書きました通り、基本的には、英文で書いても、同じ内容なら、同じ時間内に書き終えるという目標を持って欲しいと思うからです。

　これも、学校英語とビジネス英語の違いに関わる話です。

　学校英語では、一定の時間内に（例えば10分以内に）まとまった文章を英語で書くことを求められることは、さほど多くないと思います。しかし、仕事でEメールを書くとなると、仕事そのものにも期限がありますし、また、

「次の会議が始まるまでの 20 分以内に一本」等、限られた時間内にどうしても書いて送ってしまわないといけない、そんな状況は日常茶飯事です。ここでも、学校英語で求められるものとビジネス英語で求められるものは、異なります。

　私の「コピペから脱却してもらいたい」という思いは、究極的には、「時間内にメールを出さなければならない」というビジネス上の要請があるからです。正しい英語を書くために、いくら時間をかけてもいいという状況にない実務の世界では、速く書くことが必須です。最終的には、**日本語の同じ内容のメールを書くために要する時間と同じ時間内に、英文 E メールを書き上げる**。これを目標とすべきなのです。そのためには、必ずしも時間的には効率的といえないコピペからは、一日も早く卒業しなければなりません。

▶自律的ライティングの本質とは

　こんな思いから、この本では、「自律的ライティング」という言葉を使っています。自律とは、本来、自分が打ち立てた規範に従って行動することですが、ここでは、**「これまで身につけてきた英語の基礎知識、能力を最大限発揮して、道具や他人の力を借りずに文章を書く」**ことを言います。したがって、これには 2 つの中味があります。まず、「これまで身につけてきた英語の基礎知識、能力を最大限発揮する」ということ、次に「道具や他人の力を借りずに文章を書く」ことです。

　このように言うと、必ず「その基礎知識がないから困ってるんだ」と反論する人がいます。基礎知識をどの程度の知識と定義するかで、それは違ってきます。また、「道具や他人の力を借りずにと言うけど、辞書は必要でしょ」という声もありそうです。では、そう仰せの皆さんにうかがいます。

　　are　　we　　who

　上の 3 つの単語のうち、皆さんが知らない単語、辞書を引かなければ意味の分からないものを挙げて下さい。おそらくないと思います。では、これら 3 つの単語を使って、「弊社の概要」という意味の表現をして下さい。

正解は "Who we are" です。これで立派に「弊社の概要」というよそ行きの言葉、つまりビジネスでそのまま使える表現になります。この方法、つまり**①最初に 5W1H のいずれかを持って来る、②次に主語を置く、③そして最後に親しみのある動詞を使って句を作る**方法を私は勝手に「5W1H 法」と呼んでいます。これが、「これまで身につけてきた英語の基礎知識、能力を最大限発揮して、道具や他人の力を借りずに文章を書く」方法の一例です。こうした具体的な手法を、Part 2 の「実践英文 E メール・ライティングの具体的手法」のところで紹介しますので、そちらをご覧下さい（p.86 参照）。

　では、どうすればこの自律的ライティング能力を身につけることができるのか。これが、本書の大きなテーマになります。しかし、いきなり自分自身の中から突然力が湧き出てくるはずはありません。最終的に自律的ライティングが実現するよう、段階的にプロセスを進めていく必要があります。

　その段階の**第一歩は、型を覚えること**です。これは、先ほども述べました。柔道や空手といった伝統的格闘技においては、初心者がまず覚えるべきは「型」ですし、野球でもテニスでも、しっかりしたフォームを固定するために素振りを幾度となく繰り返します。反復して身体に植え付けた「型」は、容易に去ってしまうものではありません。しっかり身体に染み付いて、その後の技の発展の基礎となっていきます。同様に、自由自在に書ける「自律的ライティング力」も、最初は型を学び、何度も繰り返すことから始まります。

Part 2

実践英文 E メール・ライティングの具体的手法

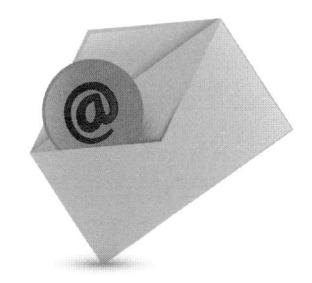

1. まず英文Eメールの型を覚える

最初に、英文Eメールの例を見てみましょう。

宛先（To）: robertsmith@xyzco.com
CC: maryjones@xyzco.com; marikosuzuki@abcco.co.jp
BCC:
件名（Subject）: Confirmation of your visit to our office in June
📎 directionabc.docx　← （添付）

Mr. Smith,　← （敬辞）

Thank you very much for your message.　← （導入）
I'm writing to confirm your appointment in response to your request as follows:
　　　　　　　　　　　　　　　　　　　　　　↖ （結論、趣旨）

Date:	Wednesday, June 24, 2015	
Time:	3 pm, JST	
Place:	ABC Co., Ltd.	詳細
	1-23-9 Yaesu	
	Chuo-ku, Tokyo 103-0028	
	Japan	
Agenda:	Our potential JV project	

Attached are instructions on how to find our office from Narita Airport.　← （添付）

If you need any assistance, please call me on my cell phone at +81-90-4321-1234 or Ms. Suzuki, my secretary on +81-3-3123-4567 for assistance.

I hope that you have a safe flight and look forward to meeting you.　← （結びの言葉）

Best regards,　← （結辞）

Hiroyuki Toda
****
Hiroyuki Toda (Mr.)
Planning and Development Manager
ABC Co., Ltd.
1-23-9 Yaesu
Chuo-ku, Tokyo 103-0028
Japan
Phone: +81-3-3123-4567
Facsimile: +81-3-3123-4568
Email: hirotoda@abcco.co.jp
URL: www.abcco.co.jp
****

（本文／署名）

英文Eメールの型を考える際は、メールの構成要素とその流れを念頭に置くのが良いでしょう。

まず、メールソフトの最上部にある宛先から始まり、次に件名と続きます。次は、いよいよ文章を書き始めることとなりますが、その最初は、送り先（相手）の名前を書きます（本書では「敬辞」とします）。これをどう書くかについても、場面別でさまざまなケースがあります。

そしていよいよ本文に入りますが、ここで初心者が悩むのが、書き始めです。日本語のEメールの場合は、「お世話になります」「貴社益々...」と挨拶文が続きます。これをどう扱うか。そして、その次に続く文章は...と疑問は、尽きません。本文の構成も気になります。

何とか本文を書き終えると、結びの言葉は何が適切か。細かいことを言えば、添付書類を付ける際には本文に何か書くのか等々。こうした流れに沿ってひとつひとつの段階でのポイントを押さえておけば、メールが完成することになります。

自律的ライティング力の獲得を目指しつつ、この「型」の習得から始めましょう。

敬辞の書き方

セミナーではいろいろな質問をいただきますが、先方の呼称である敬辞の書き方についても、多くの質問があります。相手の性別、姓名が分かっていれば問題ないのですが、相手の性別が分からない、名前のどちらが姓でどちらが名なのか、ファーストネームで呼ぶのはどのタイミングから等、いろいろあります。

ここでは、ケース別に解説しましょう。

ケース別	敬称のつけ方
相手の名前も性別も分かっている	(Dear) Mr. Smith, (Dear) Ms. Gilbert,
相手の名前が不明	Dear Sir/Madam, Dear Customers, Dear Employees, Dear Friends, Hi, Hello,
同上（担当部署が分かる）	Dear Marketing Director, Dear Sales Manager,
相手の性別が分からない	Dear Kim Anderson, Dear Sam White,

　名前も性別も分かっている場合は、あまり悩まなくても良いでしょう。しかし、セミナーで多く出る質問は、"Dear" は付けた方が良いかどうか、相手をファーストネームで呼んでも良いのかといったものがあります。

　"Dear" については、あまりこだわる必要がないというのが結論です。受け手が、"Dear" がないと激高して、ビジネスに影響が出ることは、あまり考えられません。ただ、その人その人にこだわりはあるようで、ずいぶん親しく付き合っているネイティブでも、いつまでも "Dear Hiro," と私宛てのEメールに書いてきたりします。ですから、これを排除するつもりもありません。どちらが正しい、間違っているという問題ではなく、好みの問題と言ってよいと思います。

　敬辞には、カンマかコロンか、という質問を受けることがあります。

　結論的には、どちらも使われています。

Mr. Smith:
Mr. Smith,

John:
John,

両者を比較すると、初めてコンタクトをとる、少し改まって情報を伝える場合（謝罪や不幸の連絡）等、正式さを求められるコミュニケーションではコロンを、通常のケースではカンマという傾向があるようです。私の場合は、通常のやり取りでは、もっぱらカンマを用いています。

▶ "To whom it may concern," について

相手の名前が不明で、例えば日本流に言えば「関係者各位」と書く際に、よく引用されるのが、"To whom it may concern," という表現です。これについては、使わない方が良いという見方が大勢のようです。相手の名前が分かっているにもかかわらず、一斉配信先に含まれるからといってこの呼称を使うと、人間味のない冷淡な感じを与えるようです。このような場合には、使うべきではないでしょう。もともとこの表現は、発信者が相手の名前を知らないけれども、不特定多数の人向けに手紙を書くような場合、例えば推薦状を依頼された人が、推薦状の冒頭に使うような限定的な場合にのみ使うと思っていた方が良いようです。相手の名前が分かっていない場合でも、何らかのグルーピングができるような場合は、前ページの表の「相手の名前が不明」のケースを当てはめて、"Dear Customers," や "Dear Employees," 等の表現を使う方が良いでしょう。

▶いつからファーストネームで呼ぶか？

これも、よくある質問です。

これについては、私は、「原則は、相手がファーストネームで呼んできたら」と答えています。どの時点から相手をファーストネームで呼ぶかについては、国民性によっても、また個人によってもさまざまです。一般的に言えば、欧州の人々よりもアメリカ人の方が、早い時期からファーストネームを使う傾向はあると思いますが、Eメールは基本一対一のコミュニケーションです。相手の意向を個別に汲む態度が良いかと思います。

どうしても、こちらからそろそろファーストネームで呼びたい、呼んでいいのではないかと思う際にはどうするかについて、仲間のイギリス人がヒントをくれました。それは、こちらから送信するメールの呼称を、次のように

書くというのです。

  Bob (if I may),

 この "if I may" に、「ファーストネームで呼んで良いですか？」というニュアンスが含まれるので、相手も受け入れやすいであろうという推測が成り立ちます。このように書き始めたEメールのどこかに、"Please call me Hiro for short." と一文入れると良いのではないでしょうか。このようにすれば、相手も特段の事情がない限り、ファーストネームでのやり取りに移行してくれるものと思われます。

件名 (Subject)

 まず、日本語のEメールについて考えてみましょう。あなたは、件名をどのように決めていますか？
 この点については、あまり一般的な基準がないように思います。しかし、私は、件名はビジネスをスムーズに進める上で非常に大切であり、書き方についてしっかりとした基準を持っていただきたいと思っています。
 あなたは、朝仕事を始めるに当たって、Eメール・チェックをすると思いますが、どんな順番で、たくさん舞い込んでくるEメールを読んでいますか？よほど受け取る件数の少ない人ならともかく、ほとんどの方が、何らかの基準で優先順位をつけて、その順位に従ってEメールを処理しているのではないでしょうか。
 つまり、その基準に従って、真っ先に読むEメール、その次に読むもの、そして多くのものを後回しにする、あるいは削除するという決断を下しているはずです。その際の基準は、ほとんどの方が「発信者」と「件名」であると思います。
 これをEメールを発信する側から考えると、ある特定の相手に送ったEメールは、その人に送られて来る数多くの他のEメールと競争を行なっているということです。先に読まれるための競争です。その競争に勝つために、工夫

すべきは、「件名」なのです(送信者名は、通常変更できませんので)。
　ひとつ皆さんに質問します。
　あなたのところに、2つのEメールが届いています。件名はそれぞれ以下のようなものでした。あなたは、どちらを優先的に開けますか？

アポイントの件
Appointment

6月20日アポイントにつき、確認依頼の件
Request to Confirm Our Appointment on June 20

　多くの人は、2つめとお答えだと思います。それは、どうしてでしょうか。キーワードは、「**具体性**」と「**アクションの要否**」です。「アポイントの件」だけだと、アポイントの設定を求めているのか、すでに決まっているものの確認なのか等、内容がはっきりしません。具体性がないのです。したがって、中味を読んでみなければ、どういうアクションを取ってよいのか分かりません。こういう、いわば「手のかかる」Eメールは、後回しにしようという気を起こさせやすいのです。
　一方、2つめの件名であれば、日付けも付いていますから思い出しやすいでしょうし、「確認依頼」としてありますから、どんなアクションを取るべきかが一目瞭然です。(相手に、「これは何だ？」と疑問を抱かせてEメールを開かせるには、敢えて曖昧な件名にすると考える人もいるようです。しかし、あまり曖昧な件名だと、同じような件名の中で埋没して、読まれないリスクの方が大きいのではないかと思います。あなたが、「この人から来たら、絶対に読まなくては」と思わせるほどの大物であれば、話は別ですが。)
　以下に、いくつか、曖昧な件名と、より具体的かつアクションを明確に求める件名を並列してみます。参考にして下さい。

曖昧	より具体的
Your Product	Inquiry about Your Product
Order	Inquiry about Our Order #123456
Application	Your Application for Our Position
Report	<Meeting Material> Q1 Sales Update
Customer Service	Complaint about Your Customer Service
Inquiry	Reply to Your Inquiry on May 18
Payment	Reminder of Your Payment Date

　これらは、皆さんにコピペしていただくためのものではありません。「コピペ」していただくとすれば、件名をどのように書くかについての考え方です。件名を決める時間を、Eメールを送信する前に少し取って、「この件名で、先方は開けてくれるだろうか？」と考えてみて下さい。そうした考える習慣が、より良い件名につながり、読まれるEメールの書き手となれるのです。

練習問題

　次のEメールに、適切な件名をつけてみましょう。

Mr. Smith,

This is to confirm that Robert Wilson and I plan to visit your office on at 3 pm on Monday, June 15.

We would like to discuss several pending issues so that we can move ahead.

I certainly look forward to seeing you.

Best regards,

Hiroyuki Toda

訳 ▶

スミス様

このメールにて、ロバート・ウィルソンと私の6月15日（月曜日）午後3時の貴社訪問を確認させていただきます。

私どもとしましては、いつくかの懸案事項について打ち合わせをさせていただき、前に進めていきたいと考えております。

お会いできることを、楽しみにしております。

戸田　博之

解答例

<Robert Smith and Hiroyuki Toda> Confirmation of Our Visit on June 15

　先方が、非常に多くの人と会うことを想定すると、"Appointment" あるいは "Appointment Confirmation" 等では、具体性にやや欠けると判断した場合は、このように、訪問する者の名前や訪問日を伝えることで具体性が増し、相手がこのEメールを開く可能性が高まると思われます。
　相手が、そんなに多くの人に会うような職種ではないケースでは、あなたのEメール・アドレスと簡単な件名（"Appointment" または "Appointment Confirmation" 等）で十分であろうと思われます。どのくらい具体的な件名にするかは、状況によっても異なるのです。

本文の流れはこう書く

　本文の流れについては、次のように覚えて下さい。

結論（時候の挨拶は、原則いらない）
↓
詳細（場合に応じて根拠）
↓
再び結論＋次のアクションにつなげる文（結びの言葉）

　日本には、起承転結、序破急といった良い文章の流れの型のようなものがあると言われていますが、これらの型に従って書くと、ビジネス向きの文章とは言えなくなるケースが多くなります（p.45 参照）。ビジネス文書は、名文である必要はなく、明快さ、正確さも含めた諸々の条件を満たせば良いとまず理解して下さい。その際のポイントは、「**単刀直入に結論**」です。

　書き始めて間もない人の中には、時候の挨拶はどう書いたら良いのかと悩む方が多いのですが、むしろ「**時候の挨拶は、なしが正解**」くらいに考えておいてもよいでしょう。

結びの言葉で相手のアクションを促す

　本文の最後でのポイントは**結びの言葉**で「**次のアクションを求める**」です。
　ビジネスEメールを書く目的は、ビジネスを一歩先の段階に進めることです。あなたが一本のEメールを書き終えた時に、送信先の相手から求める次のアクションは何でしょう。ポイントは、それを明確に書くということです。
　よくメールの最後で見る表現に、"I'm looking forward to hearing from you." があります。これは、学校文法的に訳すと、「あなたからの知らせがある（hear from）のを楽しみに待っています」ということになりますが、ビジネス上では、「返事を下さい」と明確に述べていることになりますので、まさに次のアクションを求める表現です。このような表現には、次のようなものもあります。

・Please reply to this email by 5 pm Friday.
　（金曜日の午後5時までにご返信下さい）

・Please send your resume in your return email.
（折り返し貴履歴書をお送り下さい）
・Please contact me for further information.
（より詳しい情報については、私宛てご連絡下さい）

　日本語のEメールでは、「よろしくお願いします」という表現がよく使われます。日本でのビジネス慣行では、これは、「メールの趣旨を汲んで、それにふさわしい対応をして下さい」という意図を示す表現ですが、受け取る相手が日本人でない場合は、先方が「具体的な依頼を受けていない」と理解する可能性があります。

　そういう意味では、**結びの言葉で「よろしくお願いします」と書くことは、具体性のない表現**ということになり、先方にはっきりと次のアクションを促すことにはなりません。したがって、「よろしくお願いします」を直訳すると、どういう訳になるのかを考えること自体が、意味のないことになります。それよりも指示を具体的に書けばよいということになります。「阿吽の呼吸」「以心伝心」を期待することは、英文Eメール・ライティングにおいては、忘れて下さい。

こう書いても相手は動きません！

　セミナー受講者やコンサルタント先から受ける質問で、「出したEメールになかなか返事が来ないのですが、こちらの書き方に何か問題があるのでしょうか？」というものがあります。やはりそれにはそれなりの原因があります。
　相手が動いてくれない原因は、いくつか考えられます。列挙してみましょう。

▶指示が具体的でない

　先ほど出てきた「お世話になります」等がその典型ですが、例えば、"I'm waiting for your reply." という文章も、返信が来ない原因のひとつです。日本のビジネスでは、「お返事をお待ちします」と書けば、相手は、「返事を書かねばならない」と思うのが通常だと思いますが、例えばアメリカ人、イギリ

ス人が読んだ場合は、「そちらが待つのは勝手だが、こちらが回答する義務はない」という感覚で捉える可能性が高いようです。

つまり、この表現では、「返事が必要」というところまではいっていないことになります。では、どう書けば良いかと言えば、"Please reply to this email."（ご返信下さい）等がその例となります。

▶期限の設定がない

ただし、"Please reply to this email." と書いても回答がない場合があります。これは、期限の設定がなかったためと思われます。人は、期限のない仕事については、緊急性を感じませんので、すぐにアクションを取らない傾向があります。いつやっても良いということは、やらなくても良いと取られても、仕方がないと言えます。

▶理由がない

いきなり誰かに何かの指示を受けても、それがどういう理由によるものかについて納得しないうちは、なかなか心も身体も動かないのが人間です。しかし、何がしかの理由があって、それが呑み込めると、「では、応えてやろう」ということになります。理由によっては、動かざるを得ないということもあり得ます。理由なしに、「これやって下さい！」というメールに対して、返信しない人がいてもおかしくはありません。

▶心遣いがない

忙しい時に、「明日の朝一番で！」等の指示メールがくると、カチンとくるものです。リップサービスと分かってはいても、「お忙しいことは十分存じておりますが」「あなたにご依頼するしかありません」等と書かれると、動き方が違って来ます。ここに挙げた期限の設定、理由の付し方、そして心遣いの表現方法等については、次項で取り上げますが、ビジネスにおいては、相手を動かして初めてＥメールの価値も出るわけですから、この点をまず認識いただきたいと思います。

2. 本文の書き方

第 1 パターン「時候の挨拶は書かない」

　セミナーの冒頭で、短い日本語の E メールを見せ、「これを英文 E メールに書き直して下さい」と出題することがあります。通常、「いつもお世話になります」や「貴社益々云々...」のような時候の挨拶で始まる E メールです。時間は、3 分間程度に設定します。

　すると、受講者は 2 つのグループにはっきりと分かれます。ひとつのグループは、時間を余して書き上げてしまうグループ、他方は、ほとんど何も書けていないグループです。その原因は、単純なものであることが分かりました。**書き上げてしまうグループは、時候の挨拶には目もくれず、本文に入っていった人たち**、片方は、時候の挨拶の書き方（訳し方）が分からず、本文を書くまでに至らない人たちです。

　そこで、私は、第 1 のパターンを提案します。それは、「時候の挨拶は書かない」です。もちろん、場合によっては、時候の挨拶を書いた方が良い場合もありますが、それをどう書くかに悩むよりも、本論に直接入ってビジネスを進めることが主眼であることは、E メールを送る方も受け取る方も承知しているはずです。特段の支障はなかろうと思われます。

▶導入部分として "Thank you ..." を入れることに関して

　とは言え、やはり相手との気持ちの良いコミュニケーションは、ビジネスの基本です。その意味で、どうしても「挨拶的」な言葉を最初に書きたい人には、導入部分として "Thank you ..." という書き出しで始めることをお勧めします。その際は、「自分はあなたの〜に感謝しています」の「〜」を明快に書くことにご留意下さい。根拠のない感謝を奇異に感じる海外の人が多いことも事実です。特に取引関係がない、あるいは初めての相手にも、「いつもお世話になっております」と書き始める日本の習慣との違いは、意識すべきであると思います。

　サンプルメール（p.10 参照）では、おそらく Mr. Smith から、アポの申し

入れがあったものと思われますので、それに対して "Thank you very much for your message." という感謝を、結論の前の導入部分として挿入しています。この他の例としては、次のようなものがあるでしょう。

問い合わせに対して→ Thank you for your interest in our products.
連絡に対して→ Thank you for letting us know about your visit to Tokyo.
注文に対して→ Thank you very much for your order.
商品に対する評価に対して→ Thank you for your feedback on our products.
訪問に対して→ Thank you for your visit last Wednesday.
提案に対して→ Thank you for your proposal on May 30.
電話連絡に対して→ Thank you for your call this morning.
褒め言葉に対して→ Thank you for your compliment.

▶導入部分に前提となる事実を入れることに関して

　また、結論をいきなり述べただけでは、相手に話の流れが分かりにくいこともあるかと思います。その際は、最小限の「前提となる事実」を導入部分に入れることが必要になってくるケースも考えられます。

　例えば、事前に行なわれたミーティング、電話、ファックス等、Eメール以外の手段で行なわれたコミュニケーションに対する回答、反応、依頼等を伝える場合は、それを反映することが、コミュニケーションをスムーズにします。いくつか例を考えてみましょう。

・数日前に、ビジネス上の提案を受けたケース：
We have carefully reviewed your proposal dated April 30 and I'm writing to inform you of the decision we have made.
（貴社の4月30日付けご提案を慎重に検討いたしました。それについて、弊社の決定をお知らせいたします。）

・朝方電話で打ち合わせをしたケース：
Further to our telephone conversation earlier today, this is to ask

you to send us some additional information on the product we discussed.
（今朝ほどの電話でのお話を受けて、このメールで、その商品に関するより詳細な情報の送付をお願い申し上げます。）

・会議で打ち合わせた事項についてのアクションを取ったケース：
Following up on our discussion earlier this week at your office, I'm pleased to let you know that our manager is very interested in your new ideas.
（今週貴社で行ないました話し合いを受け、弊部部長が貴社の新たなアイデアに非常に関心を持っている点をお伝えします。）

　ここでは、「前提となる事実」を、導入部分として取り込みましたが、もちろん、単独の文章にして、2つめの文章を結論としても構いません。ただ、"Thank you ..." を入れるにしても、「前提となる事実」を入れるにしても、それらを極力短く（せいぜい2行程度）にして、結論をEメール本文の上の方に置くことをお勧めします。

第2パターン「第1センテンスを、いつも同じ書き方にする」

　では、第2のパターンに移ります。
　これは、**本文の第1センテンスを、常に同じ書き方にする**ということです。
　具体的には、"I'm writing to" という書き出しか "This is to" という書き出しのいずれかを、原則として使うことをまずお勧めします。"I would like to" という表現も、よく見かけますから、欲張って3つという方は、これも覚えてしまいましょう。
　文章というものは、最初の一文が書ければ後がスムーズにいきますが、それが書けないために、進捗しないということが往々にして起こります。そこで書き出しを、この2ないし3つのいずれかに決めてしまえば、迷いはなくなり、結果としてEメール全体にかける時間が大幅に短縮されます。

もう少しバリエーションが欲しいという方のために、いくつか足しましょう。

　「取り急ぎ〜します」という趣旨で、"A quick note to" という書き方があります。また、良い知らせを送り届ける時は、"We are pleased to"、逆に、残念な知らせを知らせる場合は、"We're sorry to" ないし "We regret to" を加えてみましょう。

　これらパターンをよく見ていただくと、その構造が見えてくると思います。そうです。すべてのパターンの最後に "to" がくっついています。これは、文法の時間で習った「〜のために」という「目的を表す不定詞」です。

　つまり、これらパターンのすべてが言い表しているのは、「このEメールは、〜のために書いています」という、受け手に対し目的を伝える文章です。不定詞ですから、"to" に続くのは、動詞の原形です。

　では、Eメールに登場する「動詞」には、どんなものがあるのかを考えてみましょう。

英文Eメール・ライティングはパズル完成の発想で

　動詞の種類を考えることは、すなわち、毎日行なっている仕事の中で、皆さんが、具体的にどんな行動を取っているかを振り返ることになります。ひとつずつ考えてみませんか。そして、それに対応する英語の動詞（表現）を挙げてみましょう。

行動の種類	英語の動詞
報告する、通知する、知らせる	let you know announce inform notify
（念押しのため）伝える	remind call one's attention
問い合わせる、質問する	ask inquire
回答する	answer reply respond
依頼する	ask request demand
命令する	instruct order demand require
確認する	confirm make sure
提案する	propose suggest offer recommend
受諾する、承認する	accept approve
謝絶する	decline
督促する	ask demand
苦情を述べる	complain
感謝する	thank express one's gratitude express one's appreciation
詫びる	apologize
祝福する	congratulate

これらを "This is to" につなげれば、「～するために」のところまでは一気に文章が書けてしまいます。例えば「～をお伝えするために書いています」は、"This is to let you know" です。この動詞を他のものに置き換えることで、書き出しのバリエーションは、一気に広がっていきます。
　動詞の原形の次は、いくつかのパターンが出て来ます。
　ひとつは、"that" を使って、以下に主語、述語を含む文（厳密には節と言いますが）を続けます。

・This is to let you know that we will be moving our office to xxxxx.
（弊社の xxxxx への移転をお知らせします。）

　あるいは、動詞の後に名詞（つまり目的語）を続けることもできます。

・This is to announce the result of our consumer survey conducted in March.
（3月に実施された消費者調査の結果をご報告いたします。）

　もうひとつのパターンは、動詞＋人に続けて about, on, of などの前置詞が来るものです。

・This is to inform you of our office move to xxxxx.
・I'm writing to notify you of our new policy.
・I would like to ask you about your new product.

　ここまで読んできて、皆さんは、どうお考えでしょうか？
　ここで紹介した私の文章作成法は、まるでおもちゃのブロックを組み立てているような感覚で捉えていただければ良いと思っています。
　形（意味）が同じブロック（言葉の固まり）が何色（異なる表現）かそろっている。その組み合わせを変えても、つながった表現の意味は変わらないと

いうことになります。いつも同じ書き出し、次に続く言葉もいつも同じだと、相手に「あいつのメールは単調だ」と思われる可能性があります。

そこで書き始めの表現を3つ、次につながる言葉を3つ持っていれば、(理屈の上では) 9つの同じ意味の表現ができることになり[注]、単調さを回避できます。パートごとの表現は、2つ3つ持っていれば良いのです。頑張ってそれ以上多くの単語、表現を覚える必要はとりあえずはありません。

注) ただし、言葉のつながりが悪く、実際にはそのような表現はしないというものもあるにはあります。

練習問題

以下のEメールの書き出しの文章を書いてみましょう。

1. 当社の移転をお知らせします。

---

2. 新井社長との面談のお約束を確認して下さい。

---

3. この水曜日の定例会議への出席をお願いします。

---

4. 昨日の貴ご照会にお答えします。

---

5. お支払いをお願い申し上げます。

---

6. 貴社の今回のイベントへのご協力を感謝申し上げます。

---

7. 残念ながら、ご要望に沿いかねます。

> 解 答 例

1. We are pleased to announce our move.
2. This is to confirm our appointment with Mr. Arai.
3. A quick note to remind you of the regular meeting on Wednesday.
4. We're happy to answer your inquiry we received yesterday.
5. I would like to ask for your payment.
6. This is to thank you for your cooperation with our event.
7. We're sorry to inform you that we cannot comply with your request.

箇条書きというすぐれもの

　日本語メール教育の第一人者である平野友朗さんは、「メールは読んで理解するものではなく、見て理解するもの」とおっしゃっています。これは、英文Eメールにもそのまま当てはまります。

　だらだらと10行、20行も続く、しかも行間の詰まったEメールをもらうと、内容云々の前に、読む気をなくしてしまいます。

　相手が読む気をなくせば読んでもらえないわけで、Eメールを書く最大の目的である「仕事を進める」ことができなくなります。長い時間と情熱を注いで書いたEメールも、その役目を果たすことなく終わってしまうわけで、何とももったいない話です。いえ、それ以上に、コストがかっているのに成果が出ないのですから、企業経営にとっては損失です。

　相手に、読みやすい（つまり、目に優しい）Eメールは、会社の生産性を上げることになるのです。

　目安としては、1行の文字数を60〜70字にして、1パラグラフも、精々3行程度にとどめ、パラグラフ間にはスペースを入れると、ずっと読みやすくなります。

これと同じ趣旨で、簡条書きを強く推奨します。

簡条書きを行なうメリットはいくつか挙げられますが、最大のメリットは、**少ない語数で、より伝わりやすいメッセージになる**というものです。

以下の2つの文章を比べてみて下さい。

例1 ▶

In case you would like to open an account with us, please submit your ID, your residence card or special permanent resident certificate along with an original copy of a telephone bill, electricity bill, water bill or gas bill.

(39 words)

（当行にて口座開設をご希望の皆様には、身分証明書、外国人登録証明書、ならびに電話料金請求書、電気料金請求書、水道料金請求書またはガス料金請求書の原本をご提出願います。）

例2 ▶

To open an account with us, please submit the following items to one of our branches.

・ID
・Residence card or special permanent resident certificate
・Original copy of a utility bill

(30 words)

例2の文が幾分か読みやすいと思われます。

例1の文章は、きちんと読まないと、提出するものを見落としてしまいそうですが、下の文ではその心配が少なくなります。場合によっては提出期限、提出先も簡条書きする項目に入れる方法も考えられます。

実は、それぞれの文章に使われている単語数は、上が39語、下が30語です。下の文章は、分かりやすく、しかも語数が少ないので、速く書けるということになります。ここでは、あまり長い文章を使っていませんが、内容が

多くなるほど、この箇条書きの効用は大きくなります。Less is more!（少ない方がより伝わる）です。

練習問題

次のEメールを、箇条書きを使って書き換えてみましょう。

Re: <Takahashi Kogyo Co., Ltd.> Our Office Move

Dear customers,

We are pleased to inform you that our office will be moving to a new location as of October 3, 2015. Thank you very much for your attention. Your continued support and contribution is greatly appreciated. Our new address is 20-5 Higashi Shinagawa 4-chome, Shinagawa-ku, Tokyo 140-0002. Our telephone and facsimile numbers are +81-3-3987-6543 and +81-3-3987-6544 respectively.　(57 words)

Sincerely,

Jiro Takahashi
Chief Exective Officer

訳 ▶
件名：高橋工業株式会社、事務所移転につきご連絡の件

お客様各位

当社事務所を2015年10月3日付けにて、新たな場所に移転することになりましたことをお知らせ申し上げますので、ご承知置き下さい。また、引き続きのご愛顧をお願

い申し上げます。新住所は、〒140-0002 東京都品川区東品川4丁目20-5、電話およびファクシミリ番号は、それぞれ +81-3-3987-6543、+81-3-3987-6544 です。

高橋次郎
最高経営責任者

解答例

Re: <Takahashi Kogyo Co., Ltd.> Our Office Move

Dear customers,

We are pleased to inform you that we will be relocating our office as follows:

Relocation Date: October 3, 2015
New Address: 20-5 Higashi Shinagawa 4-chome,
                 Shinagawa-ku, Tokyo 140-0002
                 Japan

Tel: +81-3-3987-6543
Fax: +81-3-3987-6544
(34 words)

Sincerely,

Jiro Takahashi
Chief Exective Officer

簡潔さを追求する

　本書の読者の中には、貿易関係の業務や銀行等にいらして、いわゆる貿易関係のコレスポンデンスになじみのある方もいらっしゃるかと思います。そうした方々の中には、長い歴史の中で培われてきた「英文ビジネス・ライティング」での書き方に親近感を覚える方も多いでしょう。また、若い方々の中にも、ビジネス・ライティングの教科書をご覧になって、あまり見慣れない表現を目にした方も多いかもしれません。英文Eメール・ライティングの書き方の中には、そうした歴史的流れを汲んだスタイルが垣間見られることも事実ですが、一方でより分かりやすい表現を使おうとする流れも見られます。また、古い言い方をするよりも、**分かりやすい表現にすることで、文章自体が短く簡潔になることも多い**のです。

　いくつか例を挙げますので、参考にして下さい。

やや形式的な表現	簡潔な表現
It is our understanding that ...	We understand that ...
It is with regret that we have to inform you ...	We are sorry to let you know that ...
According to the white paper, it was disclosed that ...	The white paper disclosed that ...
There are lots of schools that accept students from overseas.	Many schools accept students from overseas.

　3つめ、4つめの例は、「なぜか日本人が好きな表現」を左側に示してみました。3つめは、「〜によると...」という表現ですが、研修で、これを英語にしてもらうと、圧倒的に多く訳語として出て来る表現が、"according to" なのです。また、同様に、「〜があります」という表現では、"there is / there are" が、必ずと言ってもよいほど登場します。

　ここで思い出していただきたいのは、英語では、人ではなくモノを主語にする「無生物主語」を使う傾向があることです。これを使うと、3つめ、4つめの例は、それぞれ右側のようになります。注目していただきたいのは、**モノを主語とすることで、使う単語数が減る**ということです。発想の転換が、

そのまま仕事の効率化につながる点にも注目していただきたいと思います。

また、3つめの例では、"it was disclosed that ..." という受け身の表現が "The white paper disclosed ..." という能動態の表現となっていることです。文章は原則的には能動態で書くということ、それが結果的には、語数の節約にもなる点も、是非ご記憶願いたいと思います。

練習問題

次の文章を、より簡潔な表現にしてみましょう。

1. The document is being reviewed by my supervisor.

2. There are many options.

3. Am I right in understanding that you would like to purchase two units of our product #123446?

解答例

1. My supervisor is reviewing the document.
2. We have many options.
3. Would you like to purchase two units of our product #123456?

▶ Redundancy について

文章の簡潔さを説明する上で皆さんに覚えていただきたい言葉が、"redundancy"（形容詞は "redundant"）です。この言葉は「余剰」を意味し、文章について述べる際は冗長性と訳されることが多いようです。つまり、言わずもがなのことを言っている、余計な言葉がついているということでしょ

う。例をいくつか挙げてみます。言われてみるとそうかと思うものがありますが、意識しなければ、つい使ってしまいそうな表現が多く見られます。簡潔で締まった文章を書く際のヒントにしていただければと思います。（　）内の語が不要（=redundant）な部分です。

  (actual) facts
  (basic) fundamentals
  depreciate (in value)
  green (in color)
  integrate (together)
  later (time)
  (live) witness
  merge (together)
  (please) RSVP［注：SVP が "S'il vous plait" で、フランス語の "please" にあたる］

ポジティブに書く

 同じことを言っているのに、ある人は仕事を引き受けてもらえる、しかし、ある人は断られる。この違いは何に起因するのでしょうか？
 それには、**物事をポジティブに表現するか、逆に、ネガティブに表現するかが大きく関わっている**ようです。
 私は英語のスピーチの評論家も自称しており、多くのスピーチを聴いていますが、とても感動したスピーチのひとつに、膵臓がんで数年前に亡くなったカーネギー・メロン大学のランディ・パウシュ教授の「最後の講義」があります。その中で彼が聴衆に、こう質問するシーンがあります。

 「みなさんは、次の２つの表現のうち、どちらが好きですか？
 ひとつは、『ディズニーランドは９時に閉まります』
 もうひとつは、『ディズニーランドは９時まで開いています』」

答えは明らかですが、この2つの表現の意味するところは、まったく同じなのです。

　人間は、感情の動物であると言われます。そして、ビジネスを進めるのも人間。であるとすれば、相手に気持ちよく動いてもらい、結果としてメリットを得るためには、ポジティブ表現を心掛ける必要がありそうです。

　例をいくつか挙げてみましょう。

ポジティブでない	ポジティブ
We cannot comply with your request.	We wish we could comply with your request.
We cannot deliver the product until June 30.	We will ship the product on June 30.
You made an error in your invoice.	An error was found in the invoice.
We need to make your payment on time.	We look forward to receiving your payment.
We did not receive your payment on time.	The payment was not received as scheduled.

　最初の例は、仮定法での書き方です。「現実にはできないが、できたら良いのに」というニュアンスを伝えるのが仮定法です。"We wish" という書き出しを見た瞬間に、自分の要求に対する相手の答えは "No" であることはすぐ分かることは分かるのですが、左側のように直接的に「だめです！」と言われるのとでは、印象が違います。仮定法の表現は、さまざまな形で、実務表現として登場します。それは、ここでの例と同じように、同じことをより婉曲的に言い表す際に非常に有用な表現法なのです。相手に対して丁寧な印象を与えますから、ビジネスを円滑に進めるためにも大変重要です。

　もうひとつ覚えておいていただきたい原則があります。それは「**否定的な意味の文の中では、You を主語にしない**」というものです。例えば、あなたが取引先宛てに発行した請求書の金額に間違いがあったとします。その相手から、こんな E メールが来たら、あなたはどんな気持ちになりますか？

・You obviously made a mistake in your invoice.

自分がミスを犯したことを深く反省していたとしても、このような自分を指差して責めるようなメールをもらうと、済まないという気持ちよりも、相手に対する反感の方が大きくなります。こうした際に使いたいのが、**受け身を代表格とする、主語を特定しない表現**です。

前ページの表にある表現以外には、次のような表現も可能です。

・I found an error in the invoice.
・There was an error in the invoice.

"You" を敢えて隠してしまうことで、受け手の反感を買うリスクを回避できます。ただし、本当に、しっかり相手の非を責めるべき時には、"You" を入れることが、逆に必要になってきます。喧嘩をする時は、妙に丁寧に言う必要はないでしょう。

「よろしくお願いします」が通じない理由（結びの言葉が大切な役割）

日本のサラリーマンの世界では、上司が「あの件だけど」と言った時に、「あの件ですね」とすぐに察しができる部下の方が、「どの件でしょうか？」と質問する部下よりも評価が高いようです。ところが、例えば米国では、これが逆転します。

日本では、上司が「あの件」といった「件」を「あの件ですね」と答えた部下が間違えてしまったら、これは部下の責任となることが多いのですが、米国では、はっきりと伝えなかった上司にむしろ責任があることになります。つまり、**コミュニケーションを成り立たせる責任は、一義的には情報の出し手にある**ということです。逆に日本では、情報の受け手に責任ありと見ているのです。

それためか日本では、Eメールの最後に、「よろしくお願いします」と書くことが多いのですが、これを受け取った相手はその意図を汲んで、「よろしく」動いてくれることになります。もし動いてくれなかったとしたら、それは「よろしくお願いします」と書いた発信者ではなく、その意図を察して的確に動

かなかった受信者が責められることになります。
　しかし、よく考えてみれば、「よろしくお願いします」が具体的に何を指すかが、明確でないことはよくあります。特に、それまでのEメールでのやり取りで、いくつかのトピックスがあり、それぞれに次に行なうべきアクションが想定されるような場合、「よろしくお願いします」が、そのうちのひとつだけについての依頼なのか、すべてについての依頼なのか、必ずしも明快でないことがあります。そんな時、「よろしくお願いしますとは、具体的に何を当社に依頼されているのですか」と質問するのも、気が引けるものです。その質問を受けた相手は、「なんて察しの悪いやつだ」と思う可能性が高いからです。そのような感情を抱かれたら、ビジネスにとってはマイナスです。
　そもそも、この問題の発端は、「よろしくお願いします」という曖昧な依頼を書いた発信者にあると言えるのではないでしょうか。あなたが発信者の立場にいるとすれば、この点によく注意する必要があります。
　このように見てみると、気がつくことがあります。「よろしくお願いします」に対応する直訳的表現が英語にないことです。つまり、**「よろしくお願いします」の意図を明確に伝えようとすると、具体的な行動を求める英文を書く必要がある**のです。逆に言えば、「よろしくお願いします」の直訳を何にするかで悩む必要はありません。具体的に相手にして欲しいことを書けばよいのです。
　例を考えてみましょう。

- Please reply to this email by Monday next week.
- Please revise your estimate based on the modification we've indicated in this email and get back to us by 5 pm Friday.
（このメールでお示しした変更に基づき、お見積もりを修正の上、金曜日の午後5時までの回答をお願い申し上げます。）

　もちろん、すでに、Eメール本文の中で、これらの趣旨のことが書いてあれば、繰り返す必要はまったくありません。ここでは、**日本語のEメールでは必ず書くから、英文Eメールでも必要という発想は捨てる**、ということが

ポイントです。曖昧なことばを避けて、具体的な内容を吟味し、それを明確にメッセージとして送ることを心掛けて下さい。

▶ "Thank you in advance." について

　私が英文Eメール講座を共同開催するイギリス人の友人によれば、日本人のEメールの末尾の、"Thank you (very much) in advance." という表現が気になるそうです。そう言われてみれば、私も昔、何かで読んだか、誰かに聞いたからか、「よろしくお願いします」＝ Thank you in advance. と記憶していたことがあることを思い出しました。これは私だけの勘違いかもしれませんが、読者の皆さんはいかがでしょう？
　しかし、この表現は、「よろしくお願いします」の代替とはなりません。
　皆さんのEメール・コミュニケーションの相手は、原則あなたのメッセージを「額面通り」受け取る人々であると考えて下さい。そうすると、この "Thank you in advance." は、Eメールで何か依頼した場合はともかく、趣旨が依頼以外のことである場合、相手は、これを奇異に感じるのではないでしょうか。つまり、相手は、あなたに対して、何ら「ありがとう」と言ってもらえるようなことはしていないし、その約束もしていないのですから。
　さらに、Eメールの内容が依頼文言であっても、まだ引き受けてもいない段階で「ありがとう」と言われたら、どうでしょう。やはり、「まだ、その依頼事項を引き受けたわけではない」と思えば、「ありがとう」は見当違い、あるいは、依頼事項の内容がかなり重いものであれば、プレッシャーを感じるのではないでしょうか。これは逆効果です。

結辞について

　研修でよく出る質問の代表格が、「最後の一行は、"Regards," と書くのでしょうか。"Sincerely," なんでしょうか、それとも？」というものです。皆さん、このあたりで迷われているようです。
　ネイティブの人に聞くと、非常に多くあるこうした「結辞」にはそれぞれ意味がある、あるいは、どれが現代的でどれが古めかしいかといったさまざ

まな意見が聞かれます。

　そこで私が提唱しているのは、「安全圏にある表現でいきましょう」ということです。少し乱暴かもしれませんが、多くの参考文献を眺めてみると、圧倒的に使われているのが、"Best regards,"と"Sincerely,"という表現です。日本語でも私たちは、「敬具」「草々」といった言葉の意味を、恥ずかしながら正確には知りません。ましてや、英語においておや...　という考え方です。ここは、ノンネイティブであることで、少しお許しをいただくという考えで良いのではないでしょうか。

　極端に言えば、「なくても良い」「自分の言葉で書けば良い」という考えもあるくらいで、本質的には、本文のところがしっかり書けていれば良いと思います。それでもやはりと仰せの方には、上記の2つをお勧めします。そのほか "Kind regards," も多く使われているようです。

　もし使われるのであれば、後ろにはコンマ（,）を付けて下さい。

　　Best regards,
　　Kind regards,
　　Sincerely,

署名の利用とちょっとした気遣い

　皆さんは、英文Eメールの末尾に署名欄を設けていますか？

　結論から言えば、これは、是非付けていただきたいと思います。会社で統一フォームなどあれば、なお良いと思います。

　お勧めする理由は、いくつかあります。

▶緊急時の連絡に役立つ

　コミュニケーションの手段としてEメールがその重要性を高めているとは言っても、どんな状況でもそれが最良のコミュニケーション手段であるとは限りません。皆さんも覚えがあると思いますが、アポイントメントを急にキャンセルせざるを得なくなったような場合に、メールを使うのは、あまり適切

とは言えないケースが多いでしょう。

　Eメールという手段の特性を考えてみると、こちらが送信したからといって、メッセージが必ず相手に、それもすぐに届いているとは限りません。もちろん、直ちに着く場合が多いでしょうが、保証はありません。また、相手がEメールを直ちに見ることができる状況かどうかも分かりません。

　こんな時は、電話です。

　しかし、私もそうですが、名刺の整理が悪い人は、たいていEメールを検索して、相手の電話番号を探そうとするものです。あなたが、Eメールの最後にいつも電話番号入りの署名を付けていれば、その人は、無事あなたにタイミングよく電話することができます。もし、付けていなければ...。

　あなたの顧客が緊急に注文したいものがあり、あなたに電話しようとしたが名刺がすぐ出てこない。そこで、あなたからのEメールを検索すると、署名がないので電話できない。片や、あなたの競争相手の顧客宛Eメールには署名があったとしましょう。そうすると、ことが緊急であれば、顧客は値段を比較するゆとりもなくあなたの競争相手に電話して注文をするのではないでしょうか。十分あり得るシナリオです。

　こういうわけで、私は、Eメール（英文Eメールに限りません）には、必ず署名欄を設け、そこには、原則ウェブサイトに記載された会社情報（URL等も含む）と、あなたに関わる情報、特に電話番号は必ず記載して下さいと申し上げています。

　ついでですが、電話番号の表記は、国際仕様で +81 に続き、エリアコードから頭のゼロを抜いた形（+81-3-3123-4567 等）にしておくことをお勧めします。

▶呼んで欲しい敬称を入れる

　次に、署名が役に立つのは、こんな使い方をする場合です。それは、あなたの氏名の部分です。名前の後ろに、カッコ書きで "Mr." 等の、「自分には、こういう敬称を付けて下さい」という意味合いを込めた敬称表示をします。また、姓の部分を大文字標記することで、相手に姓と名の別を明確に伝えることが可能です。

Hiroyuki TODA (Mr.)

　こんな具合です。
　このことの効果は、ひとつには、当然、次回から来るメールには、本文の冒頭に、"Dear Mr. Toda" あるいは "Mr. Toda" という呼びかけが入ることです。読者の中には、「私は、Dr. と呼んで欲しい」、「Professor と呼んで欲しい」という方もいらっしゃるでしょう。であれば、お名前の後ろに ("Dr.") や ("Professor") 等、そのように呼んで欲しい敬称を入れておいて下さい。
　もうひとつの効果は、副次的なものですが、次回先方からもらう E メールには、署名欄に同じようなカッコ書きが付いてくることを期待できるかもしれません。このグローバル時代、コミュニケーションの相手はさまざまです。相手をどう呼ぶべきかについて迷うこともありますし、相手の性別さえはっきりしない場合もあります。その時に、「あなたをどうお呼びしたら良いですか？」と、E メールの本文で質問するのも気が引けるものです。相手がそれこそ「よろしく」対応してくれるかの保証はありませんが、気がついてくれれば、相手の署名の中に、「こう呼んで欲しい」という表示が入ってくる可能性があります。次からのコミュニケーションの助けになることは、間違いありません。

添付資料のある時は？

　添付資料でいろいろ失敗したことはありませんか。
　ほぼ誰もが経験しているのは、添付すべき資料の添付を忘れてしまうということです。送ってしまった直後に気がつくことも多いのですが、気がつかず、送信した相手から指摘された記憶をお持ちの方も少なくないのではないでしょうか。
　こういう場合、どういう対策をとったらよいでしょうか？
　お勧めは、以下の通りです。

● 本文中に、「添付したことを知らせる」。以下のような書き方が典型的です。
　・I have attached a file named ...
　・I have attached a map to our office ...
　　（日本語では、「添付します」「添付しています」とすることが多いと思いますが、英語では、"I have attached ..." と、現在完了形とすることが多いようです。）
　・Please find attached a Word file named ...
　　（こうしたものも、やや古い表現ですが、よく見られます。）

● ファイル名は、半角英数字とする（文字化けを防止する意味でも、半角で書きましょう）。

　本文に、添付した旨を書くことを習慣とすることによって、添付を忘れた場合に、相手が「添付がありません」と指摘しやすくなります。書いていなければ、相手は指摘を躊躇するかもしれません。そうなると、あなたは、送ったＥメールに対して何か反応があるはず、相手は、どう反応していいか分からない、という状態になってしまいます。ちょっとした行き違いが、ビジネスを停滞させる典型事例と言えるでしょう。

3. ネイティブでないことを克服する

▌悲観しなくても良い理由

　英語帝国主義という言葉があるそうです。言語として、英語が実質的に世界共通語としての役割を果たしているために、まるで世界を支配しているという、やや批判的な用語のようです。確かに、英語ではなく、日本語が世界共通語であれば楽なのに、と思うことはあると思います。しかし、それは言っても仕方のないことです。であれば、この状況を少しでも前向きに捉える気持ちを持つことも必要ではないでしょうか。

　Eメールに関して言えば、われわれがネイティブでないことを悲観しなくても良い理由がいくつかあると思います。3つほど、ご紹介してみましょう。

▶ 即答しなくても良い

　Eメールは、会話とは違い、回答をするまでに時間をかけることができます。必要であれば、辞書を引くことも、文書を誰かにチェックしてもらうこともできます。したがって、とっさに正確な英語が出ない、即座に答えられないがために不利が生ずることもないのです。どっしり構えて、しっかりしたメールを書けば良いのです。

▶ 発音しなくて良い

　おなじみのLとRをはじめとして、発音においての不利を感じている日本人は多いようです。当然ですが、Eメールでは、この点の懸念はありません。その代わりに、スペルを間違うことは極力避けなければなりません。しかし、これも、コンピュータにスペルチェック機能がついていますので、これを駆使することによって完成度を上げることが可能です。

▶ 世界の共通語は、ブロークン・イングリッシュ

　書く英語の文法的な正確さには、時間の余裕がある分、しっかり目配りする必要があります。しかし一方で、現在英語でのコミュニケーションを行なっ

ている人々は、何もネイティブばかりではありません。私たちが正にそうですし、現在ではむしろ、英語以外の母語を持ちつつ、英語を生活、仕事のために必ず使わなければならない人たちの数の方が、英語のネイティブの数よりもずっと多くなっています。それを考えると、むしろ、やさしい言い回しや語彙を使った、より私たちに親しみのある英語を使う方が良い状況になっています。この点も、私たちにとってはプラス要因です。

克服する2つの条件：分かりやすさと正確さ

　とは言っても、ビジネスで使うEメールの使命は、相手にとって理解しやすい、しかも正確なメッセージを伝えることにより、相手を動かしてビジネスを前に進めることです。せっかく辞書を引いて、洗練された感じのする言葉を見つけて使っても、相手が理解できなくてはまったく意味がありません。よりやさしく、広く使われている言葉を使う方が、理解できる人の範囲は広がります。このことは、しっかり認識されるべきことだと思います。

　私は、この趣旨を、「**中学英語でもではなく、中学英語が良い**」という表現で、セミナー等では受講者に伝えています。辞書を引いて、あまり見慣れない単語を見つけてEメール内で使うと、相手も読む際に辞書を引かなければならない可能性が高まります。

　逆に、中学校で学んだような**基礎的な単語や言い回しを使えば、相手も即座に理解できる、したがって、次のアクションに速く移ってくれる可能性が上がる**わけです。企業経営には、スピードが肝要です。速く書けて（つまり、辞書を引く時間を必要とせず）、相手に速くアクションを取ってもらえるEメールを書く知恵は、そのEメールを書く本人にとってはもちろん、企業にとっても、非常に重要です。

分かりやすい文章とは？

　では、分かりやすい文章を書くこととは何なのでしょうか？　実は、これには、さまざまな要素が含まれています。

「分かりやすい」文章というと、どうしても文章の中の一文一文に目が行ってしまいますが、文章という文のまとまりが分かりやすいか分かりにくいかは、単に、一文一文が文法的に正確であるかによって決まるものではありません。冗長な文章になっていないか等、**個別の文の要素だけではなく、「文章全体としての分かりやすさ」を確保するために、どうすればよいかを考える必要があります。**

この点は、言われてみれば当たり前と思えるでしょうが、実際に教室でEメールを書いてもらうと、案外見落とされている部分なのです。

再び本文の構成について

最近では、オフィスでこの言葉を聞くことは少ないと思いますが、わが国には、良い文章の書き方のひとつのお手本として、「起承転結」というかたちがあります。『朝日新聞』の「天声人語」をはじめ、多くの随筆、エッセイでは、この書き方が使われてきました。

具体的に、内容を記しておきます。

「起」	その文章の方向性を提示する導入部分で、以下の「承」「転」「結」を見据えて、読み手が興味を持ってすんなりと文章に入っていけるようにする入口の部分。
「承」	「起」を受けて事実の列挙などを行い、「起」の部分を引き継いで、それを展開する。
「転」	「承」を受けて、「承」とは異なる別の面からの事実などを提供する部分。文章の流れに変化をもたらすとともに、文章に厚みをもたらす部分と説明される。
「結」	文章全体のまとめとして、自分の考えなどを提示する部分。

（亀田尚己（2012）『英語ができるのになぜ通じないか』日本経済新聞出版社、p.62）

つまり、このスタイルでは結論は文字通り最後の「結」にあります。しかし、このスタイルで英文Eメールを書くことは、英文Eメールを書く際の大原則をはずすことになります。それは、**「結論をまず書く」**という原則です。別の見方をすれば、本文の1行目を見た瞬間、受け手は、送り手が何を自分に求めているかが理解できる形式になっていなければなりません。

したがって、「起承転結」では「結」が最後にあることが、まず問題です。

次に、随筆、エッセイでは、自分の考え方が読者に伝われば、書き手の目的は達成されますが、**ビジネスでのEメールでは、相手に次の行動を起こしてもらうために最後に再び結論を書き、それに相手に次の具体的行動を起こしてもらうための依頼文を添える**ことが求められます。

冒頭で結論を伝えた後は、報告なら報告の、依頼であれば依頼の詳細を書きます。場合によっては、そのような報告、依頼となった根拠・証拠等を書くことも必要でしょう（ここで箇条書きが活躍します）。その後、上記の通り、再び結論と相手に次の具体的行動を起こしてもらうための依頼文を書く、これを基本スタイルとすべきでしょう。

もちろん、起承転結というわが国で伝統的に良い文章として使われてきたモデルを使えば良いではないかという議論も可能です。しかし、**そうすることのビジネス上のリスクは、相手が、あなたが送ったメールを読まないかもしれないということ**です。

どんな美文、名文が書いてあっても、受け手が次の行動を起こそうと思わなければ、ビジネスEメールとしては、まったく意味がないことになるのです。このあたりも、学校での作文の考え方と、ビジネスでの文書によるコミュニケーションの考え方との違いが出て来るところではないでしょうか。

　　×：起承転結
　　○：結論→詳細（必要に応じて根拠・証拠等）→結論＋次のアクションを促す文

実践英文Eメール・ライティングの具体的手法 — Part 2

練習問題

次のEメールを、望ましい順序に書き換えて下さい。

Dear Professor Watson,

I hope this email finds you well.

Yesterday, I got a call from my father saying that my mother is having a bad cold. It looks like she needs to see the doctor for a quick treatment.

However, my father said that he is supposed to go to Osaka for an important business meeting and that it is not possible for him to take my mother to our family doctor.

Now he wants me to accompany my mother to the hospital as soon as possible and I'm afraid I won't be able to attend your class tomorrow.

I'm very sorry for the short notice.

Best regards,

Hiroyuki Toda

訳 ▶ ─────
ワトソン先生

お元気のことと存じます。

昨日父から電話があり、母が風邪を引いたとのことでした。応急処置のため、医者にかかった方がよさそうです。

しかし、父が申しますには、重要な業務上の会議のため大阪に行くことになっており、母を掛かりつけの医者に連れて行くのは不可能です。

そのため、私に、できるだけ早く、母に付き添って病院に行って欲しいとのことで、明日の授業に出席できそうもありません。

ぎりぎりのタイミングでのご連絡で、申し訳ありません。

戸田　博之

解答例

Dear Professor Watson,

I'm sorry to let you know that I won't be able to attend your class tomorrow due to an emergency; my mother is ill and I need to accompany her to hospital as nobody else can do so.

I'm very sorry for the short notice.
If I need to submit a report or any other assignments to make up for the absence, please let me know.

Best regards,

Hiroyuki Toda

訳 ▶
ワトソン先生

申し訳ありませんが、緊急の事態のため明日の授業に出席できません。母の具体が悪く、他の者がおりませんので、私が病院に付き添わなければならないためです。

ぎりぎりのタイミングでのお知らせで、申し訳ありません。
欠席を補うためにレポートほか、何か課題の提出が必要でしたら、お申し付け下さい。

戸田　博之

　本文の構成は結論→詳細（根拠）→結論（相手のアクションを促すメッセージ）と書くことを心掛けましょう。詳細については、結論に関わる最小限の事実で通常は構わないと思われます。この文章について言えば、以下のようになります。

結論：明日の授業を欠席しなければならないこと。
詳細（根拠）：母親を、自分が病院に連れて行く必要がある。
結論（相手のアクションを求めるメッセージ）：欠席を補うために行なうべき
　　　ことがあれば、知らせてほしい。

　先生も忙しいでしょうから（そして、ビジネスにおいては、相手がそうである場合が多い）、最小限の情報を要領よく伝えることを心掛けるべきです。そのためにも、この書き順をしっかり押さえて下さい。

ポイントを押さえる

　分かりやすいEメール・ライティングの2つめの要素は、ポイントが押さえられていることです。言い換えれば、**書くべきことが正確かつ過不足なく書かれているか**ということです。
　まず、正確さについて考えてみましょう。
　冒頭、中学校時代にしきりと指摘された三単現（三人称単数現在形）の"s"

が抜けていても、格好は悪いにせよ、ビジネス上の実害はない。しかし、取引先名や担当者の名前、住所、日付、商品名、商品番号、数量、通貨単位等を間違えてしまうと、具体的な損害が発生する可能性が高くなるとお伝えしました。学校英語が求める正確性とビジネス英語で求められる正確性にはずれがあるのです。

これらについてすぐにできるのは、Eメールを発信する前に、同じ仕事に関わっている上司、同僚等に内容をチェックしてもらうことです。しかし、それとは別に、その仕事に関わる者がすべて使えるチェック表等を作るなど、組織的な対応(注)が望ましいと考えます。

注）ビジネスで使うEメールの文章については、英語に限らず日本語についても、こうした組織的対応はさまざまな面からメリットが大きいと考えられます。ここで挙げた送信すべき項目のチェック表作成および共有化に限らず、誰もが発信する可能性のあるまとまった文章をテンプレート化し共有するようにすれば、入社したての新人が書いても、一定水準の正確性と文章の質が確保できるなどのメリットは多くあります。

学校英語は...と「学校英語とビジネス英語は違う」という点を強調したきらいはありますが、もちろん、学校で学んだ知識は、ビジネスで大いに使えます。

例えば、内容的に過不足のないものが書けているかをチェックするには、学校で学んだ（と思われる）5W1Hが役立ちます。

次ページの表のように、5W1Hの何をまず書かなければならないかを整理し、それを基に実際に書かれたEメールの文章を見れば、抜けているものがすぐに分かるでしょう。最近では、5W1HにWhom（誰に）、How many（いくつ）、How much（いくら）を付け加え、6W3Hという基準もあるようです。

　5W1H：Who, Where, When, What, Why, How
　6W3H：Who, Where, When, What, Why, Whom, How, How many, How much

これで、過不足の問題は回避できると思われます。

項目	書くべきこと	採否
Who		
Where		
When		
What		
Why		
How		

曖昧な表現を避ける

　分かりやすい文章とは、読んで誤解を与えず、正しいアクションを導く文章と言えます。**ビジネス文章を分かりにくくしている大きな要因は、さまざまな曖昧表現で、その最たるものが「期限」です。**

　この「期限」に関して興味深いデータがあるので、参考にしてみたいと思います。同志社大学名誉教授の亀田尚己先生の著書から、引用させていただきます。

　これは、先生がかつてアメリカ企業のマネージャーたちを対象に、「ただちに」と「じきに」の意味を示す immediately と soon にどのくらいの「時間的長さ」を与えるのかについて行なった調査の結果です。

項目	Immediately	Soon
ただちに	3	
1時間以内	7	
2～6時間	4	
本日中	16	
24時間以内	3	2
1.5～3日以内	2	3
週末まで	2	
1週間	4	10
2～3週間		4
1ヵ月		4
2～6ヵ月		5
1年		7

（亀田尚己（2012）『英語ができるのになぜ通じないか』日本経済新聞出版社、p.108-109）

この表が示しているのは、「immediatelyと文面に書けば、1時間以内に受け手からの返事がある」と期待しているAさんが、「immediatelyと言われれば1週間以内に返信すれば良い」と思っているBさんに何か依頼を行なったならば、Aさんは大いにいらつき、あるいは怒り、その怒りがBさんに達した場合は、Bさんはなぜ怒られているか分からないという事態を招くということです。
　この場合は、どちらに非があるでしょうか。
　一義的には、Aさんにあると判断しても良いでしょう。なぜなら、Bさんが誤解をしないような期限設定を最初からしておけば、Bさんが返答をするために1週間もかけることはおそらくなかったであろうと思われるからです。もちろんBさんも自分自身で勝手に期限を決めず、Aさんに対して期限を明確に示すよう、逆依頼をすべきであったことも事実です。しかし、Aさんの"immediately"の表現が、すべての間違いのもとであることに変わりはありません。
　以下に、AさんとBさんのやり取りのビフォー・アフターを示してみましたので、ご参考になさって下さい。アフターでは、"by 5 pm on April 16, Japan time"と締切日が明示してあります。国内にある会社同士でのコミュニケーションでしたら、"by 5 pm on April 16"で良かったのかもしれませんが、ここでは、時差のある2国間でのやり取りを想定していますので、Aさんは、"Japan time"（"our time"と書くこともできます）と入れて、念押しをしています。こうすれば、多くの問題は解決されるでしょう。

ビフォー

Aさん（本社財務部門のTakashi）のBさん（現地法人の営業部長John）宛てメール：

Re: Request of sales update

Dear John,

As you know, we are updating our management on our sales performance at the beginning of every month and this is to ask you to provide us with the March sales figure by 5 pm on April 5.

Hiroshi
Finance Department, Tokyo

訳 ▶
販売実績更新依頼の件

ジョン様

ご存知の通り、経営陣に対して、毎月初販売実績の報告を行なっております。そこで、3月の販売数値を4月5日午後5時までに提出下さるよう、お願いします。

ひろし

BさんのAさんへの返信：

Dear Hiroshi,

Thank you for your email.

Please clarify if the deadline for the update is 5 pm on April 5, Japan time or our time. I'd be grateful if it is our time because it gives us a little more time to prepare.

I look forward to hearing back from you as soon as possible.

John
Sales Department, Dusseldorf Branch

訳 ▶ ────────────────────────────
ひろし様

メール、ありがとうございます。
締め切りにつき日本時間あるいは当地の4月5日午後5時なのかを明確にして下さい。
当地時間であれば、準備に若干多くの時間をとれますので、助かります。

できるだけ早いうちのご返事をお待ちしています。

ジョン
────────────────────────────

AさんのBさんへの返信：

────────────────────────────
John,

The deadline is 5 pm Japan time. Sorry for not clarifying.
I'd appreciate your submitting the figure by the deadline as we have the board meeting first thing on Monday morning.

If you need more information, please let me know.

Hiroshi
Finance Department, Tokyo

訳 ▶ ────────────────────────────
ジョン様

締め切りは、日本時間の午後5時です。明確でなかったことをお詫びします。
月曜日朝一番に、取締役会がございますので、期限までに提出いただけると助かります。

ご不明の点がありましたら、お知らせ下さい。

ひろし

アフター

Aさん（本社財務部門のTakashi）のBさん（現地法人の営業部長John）宛てメール：

Re: Request of sales update

Dear John,

As you know, we report our sales performance to the management at the beginning of every month and I'd appreciate your providing us with the March sales figures by 5 pm on April 5, Japan time.

Hiroshi
Finance Department, Tokyo

訳 ▶
販売実績更新依頼の件

ジョン様

ご存知の通り、毎月初経営陣に対して、販売実績の報告を行なっております。そこで、日本時間4月5日午後5時までに、3月実績を報告願います。

ひろし

BさんのAさんへの返信:

Dear Hiroshi,

Thank you for your email.
I'll send the necessary information by the deadline.

John
Sales Department, Dusseldorf Branch

訳 ▶
ひろし様

メール、ありがとうございます。
必要な情報を期限までにお送りします。

ジョン

　ご覧いただいた通り、期限が日本時間であることを伝えるか伝えないかで、片方は一往復半のメール、片や一往復、それも短いやり取りで終わることで、効率が上がるわけです。この例で節約できる時間は知れているかもしれませんが、会社全体でメールのやり取りをする際に、関係する社員全員がこうしたことを心掛ければ、大きな時間と、そしてコストの節約になるはずです。

難しい表現を避ける

　自分の言いたいことを書くだけの、例えば日記であれば、どんなに難解な言葉を使っても差し支えないでしょう。しかし、ビジネスで使うEメールであれば、相手にこちらの意図を明確に伝え、望ましいアクションを取ってもらう必要がありますから、まず受け手が理解できなければなりません。

　そこで、問題になるのが、「理解できるEメールとは何か」ということです。「理解のしやすさ」は相対的なものです。

　例えば、数学の専門家同士であれば、さまざまな数式でコミュニケーションを行なう方が、それを言葉にするよりは、ずっと分かりやすく正確であるそうです。しかし、同じ内容を伝える場合に、コミュニケーションの当事者の一方が、私のような数学の苦手な人間だったらどうでしょう。数学の専門家である私の相手は、数式で語ることを諦めて、それを私にも分かるような言葉で伝えなければならなくなります。

　同じ内容を、この数学の専門家が小学生に伝えようとすると、さらに言葉を変えて、彼らにも分かるものにしなければなりません。ひとつここで押さえておきたいのは、もし小学生にでも分かるような文章が書けたとしたら、それは、相手が私のような数学の苦手な大人であっても、そしてもちろん数学の専門家であっても、必ず分かるということです。つまり、よりやさしい文章を書けば、伝わる人の範囲は広がるということです。

　先に、現在ではむしろ、英語以外の母語を持ちつつ、英語を生活、仕事のために使わなければならない人たちの数の方が、英語のネイティブの数よりもずっと多くなっていると書きました。とすれば、この「**よりやさしい文章を書けば、伝わる人の範囲は広がる**」という原則を常に覚えておく価値はあるでしょう。

　つまり、「これなら必ず相手の分かる」と思えるレベルを、常に意識することが大切です。そして、相手の理解水準に合わせて書けるよう、文章の選択肢を持つべきだと考えます。

> 練習問題

次にいくつかの言葉または文を列記しますので、それらを、より平易な言葉に置き換えてみて下さい。

やや難しい表現	やさしい表現
concerning, regarding	①
inform, advise, notify	②
in conformity with your request	③
Your prompt reply would be much appreciated.	④
In the event of challenging weather,	⑤
Thank you very much for taking your precious time to answer our inquiry.	⑥

> 解 答 例

① about, on ② let you know ③ at your request ④ We look forward to hearing from you. / Please reply promptly. ⑤ If the weather is bad, ⑥ Thank you (very much) for your answer.

　多くのビジネスシーンでは、丁寧さも重要です。一方、一定程度の丁寧さを備えていれば、相手の時間をムダにしないために平易に書くということも必要となってきますので、やさしい表現を心掛けるようにしましょう。もちろん、表の左側のやや難しい表現が不要であると言っているわけではありません。丁寧さ、フォーマリティを前面に出す方が適切だと思われる相手には、左側の表現でも対応できるようにしておくことも必要でしょう。

　どちらにするかの判断は難しいところですが、ネイティブの人たちに聞くと、「Eメールの文章が、話し言葉とまったく同じものとなっているわけではないが、かなり近づいていることは確か」との答えに接します。書き言葉としての性格は残しつつ、しかし口語にかなり近づいていると考えても良いようです。であれば、上記の例のように、「**なるべくやさしく、口語に近い表現に書き換える**」という発想は、常に持っておいた方が良さそうです。

ビジネスで使われる E メールの書き方を形作っているひとつの流れは、昔から行なわれてきたビジネス文書の書き方ではないでしょうか。かつて、コレポン英語、貿易英語、商業英語等と呼ばれて、「こういう場合は、こう書く」とされてきた多くの定型表現が、E メール文章の中にも多く見られます。

　そのような表現を使う人は多いので、それを読んだ時に理解できることは大切だと思われますが、書く際にはやさしい言葉を選ぶことをお勧めします。

(補足) 丁寧さの序列について

　ここまで、「丁寧さよりも簡潔さ、分かりやすさを」と述べてきましたが、とにかく分かりやすければ良いというわけでもありません。ビジネスにおいては、相手に対する配慮として、丁寧さ、心遣いは、非常に重要な要素です。

　一方で、どの程度の文章が、どの程度丁寧なのかの判断は、ノンネイティブの私たちには、とても難しいところです。そこで、ここでは、一定の目安としての、丁寧さの段階をお示ししてみます。

● 丁寧さの低い順位から高い順位へ

Let me know.
Please let me know.
Can you (または Will you) let me know?
Could you (または Would you) let me know?
I wonder (または I'm wondering) if you could let me know.
I was wondering if you could let me know.

　目安としては、網掛けをした 2 つの表現を、標準的に使ってはどうでしょうか。もちろん、2 つめの "Please" を使う用法も利用できます。その場合の留意点は、"Please ..." という表現を繰り返すことを避けるということです。"Please" の後は、命令形の文章ですから、あまり頻繁につけると、"Please" の効果が薄れて、相手には、単に命令をされているだけのように響く恐れがあります。また、他の表現も、繰り返すのでなく、さまざまな表現を、ひとつの E メールの中で、交互に使って単調さを排除することも、英文を書く上でのコツと言えます。

正確な文章と political correctness

　正確な文章とは何かを考えると、そこには、さまざま要素があります。

　やはり第一には文法的な正確さでしょう。もちろん、肝心なもの（金額、期限等［p.5 参照］）を間違えると、ビジネスに大きな影響が出ます。一方、ノンネイティブのわれわれにとっては、文法的に正しくない文章を書いても差し障りのないことも多いのですが、体裁は良くありません。あまりにも体裁の良くないことを繰り返すと、さすがにビジネスへの悪影響は避けられないでしょう。

　また、わが国では注目度が低いようですが、"political correctness" についても、考える必要があります。これは、偏見や差別的な言葉遣いを避けるということです。性別、年齢、国籍、人種、宗教等による差別が含まれない表現にするよう心掛けて下さい。

　具体例を挙げてみましょう。

避けたい表現	好ましい表現
chairman	chairperson, chair
salesman	sales person, sales representative
businessman	business person, executive
spokesman	spokesperson
stewardess	flight attendant
policeman	police officer
cameraman	photographer
wife	spouse
housewife	homemaker

　こうした男性、女性を区別する呼称のみならず、人種、性別、年齢等を表す形容詞や、容姿に関わるような表現も、不適切とされます。

避けたい表現	好ましい表現
female worker	worker, employee
lady driver	driver
sales lady	sales person, sales representative
lady doctor	doctor, physician
beautiful secretary	secretary
charming office lady	office worker, worker, employee
black American	American
old worker	worker, employee

"Black American" は、"African American" で良いのではとの見方もあると思いますが、敢えて肌の色、人種的な区分を表現することが適切である場合（例えば、学会発表等で、民族別の特性比較を説明する等）を除いては、単に "American" と表現する方が適切です。

また、宗教的な表現も避けるべきとする見方が多くなっており、例えば、"Merry Christmas." という表現は、キリスト教徒のみが集まる場所では当然使われますが、ビジネス環境においては、その他の宗教を奉じる人々も多いので "Happy holidays." といった表現を使うことが一般的になっています。キリスト教徒でもない者同士で、「メリー・クリスマス」と声を掛け合うことの多い日本人が、国際的なビジネスシーンで活動する際には、このあたりのことにも敏感になる必要が大いにあると思われます。

英作文は諦めて「英借文」から始める

話を文法的正しさに戻しましょう。文法的正しさを確保するために、私がお勧めするのは、「**英作文は諦めて英借文**」から始めることです。

私がここで「英作文」と呼ぶのは、一字一句自分で最初から文章を作るやり方です。これに対して、「英借文」とは、正しい英語の文をモデルにして、それをまず「借りる」方法です。借りるだけでは、表現すべきことにピッタリの言い方にはならないことが多いと思いますので、その文のパーツ（具体的には語や句）を入れ替えていく方法です。

具体的に見てみましょう。

・I am honored to be with you today.
　（今日、皆さんとご一緒できて光栄です。）

　これは、アップル創業者の故スティーブ・ジョブズが 2005 年に、スタンフォード大学の卒業式で行なった有名なスピーチの冒頭部分です。ご存知の方も多いと思います。
　英借文とは、まず、この文章全体を、書き写すところから始まります。そして、自分の言いたい内容に合わせて部分部分を変化させていきます。まず、"honored"（「光栄である」の意）という形容詞を入れ替えてみましょう。

happy（幸せだ）：	I am happy to be here with you today.
glad（うれしい）：	I am glad to be here with you today.
fortunate（幸いだ）：	I am fortunate to be here with you today.
sad（悲しい）：	I am sad to be here with you today.
excited（感激している）：	I am excited to be here with you today.

　それぞれ、「私は今日皆さんとご一緒できて○○だ」という文章になります。次は、"to be" の部分です。これは、"to ＋動詞の原形" となっているので、"to" はそのままにして、動詞を入れ替えていけば良いわけです。すると、次のようなバリエーションがどんどんできていきます。

お会いできて光栄です。：	I am honored to meet you.
その知らせを聞いてうれしい。：	I am glad to hear the news.
そこに行けて幸いだ。：	I am fortunate to have a chance to go there.
それを知って残念だ。：	I am sorry to know that.
お迎えできて感激している。：	I am excited to have you on board.

　変えられる部分は、次のようになります。
　主語は代名詞だけでも、I, He, She, You（単数、複数), We, They, It 等があります。固有名詞ももちろん入れ替えの対象ですから、無数に存在すると言っ

てもよいでしょう。ここでは、あなたが 10 個知っているとします。主語が変化すれば、それに対応して動詞が変化しますが、これは時制によっても変化します。

次は、形容詞の部分です。"honored" に代わる形容詞も、10 個くらいはすぐに思い浮かぶのではないでしょうか。そして、"to ＋動詞" 部分ですね。これも、10 個だけ知っていると仮定しましょう。すると、これらの組み合わせから、いくつの異なる文を作ることができるでしょうか。

10 × 10 × 10 × 10 ＝ 10,000

何と、1 万個の組み合わせがあるのです。とはいっても、語と語の組み合わせにも相性があって、この語とこの語は一緒に使わないというものもあるにはあります。それでも、生活や仕事に必要な表現を、少ない語彙で賄えそうだという感覚は持っていただけるのではないでしょうか。

日本語での文章も会話も、分解してみれば、ひとつの文章のさまざまな単語を入れ替えて発信しているのだから、この変換をどんどん行なっていけば、ビジネスの場であろうとなかろうと、コミュニケーションのバリエーションはどんどん広がっていくはずです。ほとんど新たな単語を増やすことなく実行可能です。

さらに、こうしてできたひとつずつの表現をスーパー・マトリックス（p.83 参照）に入れてみることです。そうすると、それに否定形、疑問形も加わってきます。

どこからモデルを持ってくるか

どこにモデルを求めるか。

最もお勧めしたいのは、ネイティブの人から来る E メールです。皆さんもネイティブの人から来たメールに、「あー、こういう時には、こう言えば良いんだ」と、思わず膝を打った経験があるのではないでしょうか。そうした「うまい」表現をなるべく早く使ってみるのが、上達のコツです。

とは言え、モデルはいたるところにあります。どこからでも構いません。条件は、文法的に正確な文章であるということです。

そこで、ひとつ方法を提案します。それは、興味の持てる、あまり長くないスピーチを、丸ごと覚えてしまうことです。「覚える」ことには、「それが書けるようになるまで」を含みます。

私が一番お勧めするスピーチは、すでに登場したスティーブ・ジョブズのスピーチです。理由を以下に述べます。

▶伝えたい強烈なメッセージがある

ひとつは、多くの方がご存知のように、このスピーチは、直接聴いていたスタンフォード大学の卒業生ばかりではなく、全世界の人々に大きな影響を与えた強いメッセージを持ったものであるということ。基になる文は、しっかり記憶に定着させなくてはならないことを考えると、こうしたインパクトの強いメッセージを持っているものがお勧めです。

見てもらえるとすぐに分かるはずですが、英語で読むのがどうしても嫌な人には、日本語ででも無理やり読んでもらいたいくらいの強烈な人生訓です。YouTubeで見れば、親切な誰かさんが日本語字幕をつけてくれた映像もちゃんとあります（関西弁バージョンまであります！）。また映像が一緒に流れるので、単に読む、聴くだけとは違って、2つの回路（耳と目）から情報が入って来て、記憶にしっかり残ります。

横道にそれますが、このスピーチの中で、私が一番強く影響を受けたのは、次の下りです。

> When I was 17, I read a quote that went something like: "If you live each day as if it was your last, someday you'll most certainly be right." It made an impression on me, and since then, for the past 33 years, I have looked in the mirror every morning and asked myself: "If today were the last day of my life, would I want to do what I am about to do today?" And whenever the answer has been "No" for too many days in a row, I know I need to change something. (Steve Jobs: 2005 Commencement Address at

Stanford University)

(試訳：私が17歳の頃、こんな引用句に触れたことがあります。「もし君が毎日、今日が人生最後の日だと思いながら生きていたら、いつの日か、それが確実に現実のものとなる」この言葉は、とても印象に残り、それ以来33年間というもの、私は毎朝鏡を見て独り言を言うのです。「もし今日が私の人生最後の日なら、今からやろうとしていることをやりたいと思うだろうか」と。もし、何日も続けて答えが「ノー」なら、何かを変えなければならないと思うのです。)

▶日常的に使うすべての文型が入っている

2つめの理由は、15分のスピーチの中に、日常的に使う英語のすべての文型が入っていることです。15分も話せば誰が話しても、英語でも日本語でも、同じことが起こるでしょう。これらのすべての文型を文章ごと丸暗記すれば、表現の基礎ができます。後は、スーパー・マトリックスで変換していけば良いのです。

具体的には次の通りです（たくさんありますが、一時制数例にとどめます）。

現在形	I am honored to be with you today.
	I want to tell you three stories from my life.
過去形	I never graduated from college.
	I dropped out of Reed College after the first 6 months.
現在進行形	Your work is going to fill a large part of your life.※
過去進行形	But ten years later, when we were designing the first Macintosh computer, it all came back to me.
現在完了形	And I have always wished that for myself.
過去完了形	My biological mother later found out that my mother had never graduated from college.
命令形	Don't lose faith.
	Stay hungry, stay foolish.
助動詞	Again, you can't connect the dots looking forward.
仮定法	...none of this would have happened if I hadn't been fired from Apple.

※ 意味的には未来を表していますが、文の形は現在進行形です。

練習問題

p.62 の例を参考にして、次の文章を作成して下さい。

1. 今日の新規取引について報告できて、ほっとしています。

2. 彼らは、その知らせを聞いて驚いた。

3. 当社としては、新規共同プロジェクトについて喜んで話し合いに応じたい。

4. 御社からの問い合わせにお答えできてうれしい。

5. 当社としては、そのことを非常に残念に思っている。

解答例

1. I'm glad to report to you on our new account.
2. They were surprised to hear the news.
3. We are willing to discuss the new joint project.
4. I'm very happy to be able to answer your inquiry.
5. We're very sorry to know that.

表記について

　ビジネスにおいて、数値、金額、日付等の商売に直接影響が出るものについては、正確な表記が重要であることを、冒頭の学校英語とビジネス英語の比較（p.5 参照）で紹介しました。しかし、その具体的表記となると、結構分

からないことが多いものです。ここでは、そうしたものの表記ルールについて触れてみます。

▶数字の書き方

原則は、0（ゼロ）から 10 までは、アラビア数字を使わず、スペリングで表記します。そして、10 を超える場合は、アラビア数字を使います。

・I practiced my presentation *five* times.
・The company hired *250* new employees.

ただし、センテンスのはじめに数字が来る場合は、10 を超える数字であっても、スペリングを使います。

・*One hundred and fifty* people participated in the event.

▶複数

通常は、名詞の後ろに "s" または "es" を付けるのは、おなじみです。また、名詞の最後が "y" である場合は、"y" に替えて "ies" とします。

数字が複数あるようなケースでは、アラビア数字の後に "s" を付けます。また、何年代という場合も同様です。

・There are five *7s* in the sentence.
（あの文章には、7 という数字が 5 つある）
・It was in late *1990s* ...
（それは、1990 年代後半のことでした）

小文字を複数にする場合は、アポストロフィー（ ' ）と "s" を、大文字の略号名を複数にする場合は、"s" のみを付けます。

c's and d's

DVDs   MBAs

▶ **度量衡**
単位の前の数字は、アラビア数字で表記。

3 miles   45 cubic feet   8 meters

ただし、ひとつの句の中で数字が並ぶ場合は、前に来る方をスペリングで、後に来るものをアラビア数字で表記。

・There are *three* 15-year-old students in the university.
・The order was for *eleven* 6-foot tables.

「15 歳の学生」という句を作る場合は、"15-year-old students" と、ハイフンでつなぎ、year は複数にしないことに注意して下さい。"6-foot tables" でも理屈は同じです。

◯ 15-year-old students   × 15-years-old students
◯ 6-foot tables   × 6-feet tables

「〜パーセント」は、アラビア数字と "percent" で表記。

80 percent

▶ **分数、小数点**
アラビア数字と 1/2、1/3、3/4 等の数字の組み合わせが基本。

25 1/3 miles   4 1/2 miles

アラビア数字を使わない場合は、スペリングを書く。

one-fourth (= 1/4)   seven-eigths (= 7/8)

小数点を伴う場合は、常にアラビア数字とピリオド。

5.21 meters   1.25 feet

▶**金額**

ぴったり、または近似値の表示は、アラビア数字で。

$28.95 $50,000

マイナス表示は、前にマイナス記号を付けるか、全体を（　）で囲む。

−$28.95   ($28.95)

数百、数千、数百万等は、スペリングで表記。

several thousand dollars
hundreds of millions of dollars

百万を超える単位を伴う数字は、アラビア数字と million の組み合わせ。この際、小数点以下の桁数は 2 桁まで。

$7.26 million

通貨の表示は、記号または略号のどちらでも良い。

yen	¥	JPY
dollars	$	USD
euros	€	EUR

通貨名をスペリングで表記する際は、原則小文字ですが、通貨名の前に国名が付く場合は、大文字を使います。

Australian dollar
Canadian dollar
British pounds
Japanese yen

ちなみに、主な通貨の略号（コード）を列挙します。

スペリング	ISO通貨コード
Australian dollar	AUD
Brazilian Real	BRL
British Pound	GBP
Canadian Dollar	CAD
Chinese Yuan	CNY
Euro	EUR
Hong Kong Dollar	HKD
Indian Rupee	INR
Japanese Yen	JPY
Korean Won	KRW
Mexican Peso	MXN
New Zealand Dollar	NZD
Philippine Peso	PHP
Russian Rouble	RUB
Singapore Dollar	SGD
Swiss Franc	CHF
Thai Baht	THB
Turkish Lira	TRY
US Dollar	USD

▶日時

アメリカとイギリスでの表記が異なります。どちらでも書けるようにしたいものですが、自分が発する際は極力同一のものを使うことで、相手に混乱が起こらぬようにすべきでしょう。統一性を持たせることで、自分が間違うリスクも軽減されます。

アメリカ表記：May 12, 2015
イギリス表記：12 May, 2015

　曜日を入れて書く場合は曜日名は略さず先頭が基本です。アメリカ式では、曜日、月、日、年の順ですが、英国式は、曜日、日、月、年の順です。イギリス式では、日の後、年の前にカンマがない点に注目して下さい。

アメリカ表記：Monday, May 12, 2015
イギリス表記：Monday, 12 May 2015

　以下のようなスラッシュを入れた書き方は、誤解を招きやすいので、慎重を期すならば、上のような形式が良いと思います。以下の例は、「2015年5月12日」。

アメリカ表記：5/12/2015
イギリス表記：12/5/2015

　月と年のみの表示の場合は、月、年の順で、間にカンマを入れない。

May 2015

▶時刻

　時刻表示の仕方は、9:15 a.m., 2:00 p.m. のように、時刻表示の後に、小文字のa（またはp)、ピリオド、小文字のm、ピリオドの順のものも多いですが、am/pm というピリオドの付かない形、AM/PM と、大文字表記でも通用しています。ネイティブの人に聞くと、今やピリオドを入れず、am、pm と表記しているという意見が多いようでした。
　何年何月日何時との表記は、以下の通りです。

9 am on Wednesday, October 14, 2015

なお、正午は 12 am であり、12 pm でないことに注意しましょう。混乱のないように、"noon" と表記するのがお勧めです。

▶住所

番地と町名の間以外の区切りにコンマ（,）を入れます。表記は、日本語と反対で、「所番地（コンマなしのスペース）町名, 市（あるいは区）, 都道府県（コンマなしのスペース）郵便番号, 日本」の順。

5-18-27 Hongo, Bunkyo-ku, Tokyo 113-0033, Japan

5-18-27 Hongo
Bunkyo-ku, Tokyo 113-0033, Japan

280 Park Avenue, New York, New York, 10017 U.S.A.

280 Park Avenue
New York, New York, 10017 U.S.A.

Punctuation（句読点）

長年文章を書いている日本語でさえ、句読点の打ち方、特に読点（、）の使い方にはいつも迷います。そんな私たちが、英語の句読点のルールについて悩むのは当然のことですが、ここでは「これだけは押さえておきたいルール」のみご紹介します。これも正確な文章の大切な一要素であると思われますので。例えば、ピリオド（.）は、平叙文や命令文の最後に付ける等のほぼ常識的になっていることには触れず、英文 E メールを書く際のヒントになりそうなものを選んで取り上げます。

▶カンマ（,）(Comma)

独立した節（主語と述語で構成される、文の構成要素）をつなぎます。

- I sent him an email yesterday, but it didn't reach him.
  （昨日 E メールを送ったが、彼には届かなかった。）

等位接続詞の and や but の前に付けて、語句をつなぎます。

- We can offer you comfort, luxury, and a price no one can beat.
  （快適さ、高級感、そしてどこにも負けない価格を提供できます。）

副詞節や副詞句、分詞構文が文頭にある場合、文章を区切ります。

- While our sales are increasing, our profit is lagging due to rising cost.
  （売り上げは伸びているが、コスト上昇のため、利益は伸び悩んでいる。）

語句や文を挿入する際に、その前後を区切ります。

- Mr. Takahashi, our president, would like to pay you a visit.
  （弊社社長の高橋が、御社を訪問したいと考えております。）
- Our sales forecast, therefore, needs to be revised.
  （したがって、売り上げ予測は、見直されるべきです。）

非制限用法の関係代名詞(注)の前に置きます。「前置詞＋関係代名詞」の場合は、前置詞の前に置きます。

- Our new factory, which is located in California, will start operating next month.
  （弊社の新工場は、カリフォルニア州にあるが、来月操業開始する。）
- He has just published a new book, in which he explains how to write good business emails.
  （彼は、新刊を出したばかりだが、その中で良いビジネス E メールの書き方につい

て説明している。）

注）関係代名詞の限定用法と非限定用法は、非常に大切な区分なので、補足説明します。結論的に言えば、同じ語順の同じような文章でも、どちらを使うかでまったく意味が異なりますので、間違えないことが大切です。次の２つの文章で、意味がどう異なるかを考えて下さい。
　(1) Mr. Matsui who heads the marketing department is very smart.
　(2) Mr. Matsui, who heads the marketing department, is very smart.
　限定用法は、文の中にある名詞や代名詞を説明するために、そのすぐ後ろに関係代名詞を置くことで、後ろからその名詞や代名詞の意味を特定するやり方です。上の２つの文の中では、(1)が限定用法を使った表現です。
　この場合、"who"という関係代名詞の前にコンマがなく、前に来る名詞（先行詞）の意味を直接限定するので、「マーケティング部門を率いる松井さん」という意味になります。このような書き方には、他に松井さんという人がいて、例えばその人は営業部門を率いる等、松井さんという人が数人いることを示唆しています。
　一方、(2) の非制限用法では、松井さんという人だけが話題になっていて、その人が賢いと言っていることになります。カンマで区切った部分は、単にこの文に挿入された別の意味のかたまりとして認識されます。ですから、全体の意味は、「松井さんは、マーケティング部門を率いているが、とても賢い人だ」という意味です。

▶セミコロン (;) とコロン (:)

　コンマとピリオドの中間的な句読点と言われ、節と節（または文と文）の関係が、コンマで区切るとダラダラと文が続いている感覚になりますが、ピリオドではっきりと区切るほど意味の切れ目がないような場合に使われます。

セミコロン (;) (Semicolon)

　２つの独立した節をつなぐために、等位接続詞(and等)の代わりに使います。

- The offer was more than satisfactory to him; it was surprisingly lucrative.
（その条件提示は、彼にとって十分満足のいくものであった。（それどころか）驚くほど好条件だった。）

コロン (:) (Colon)

　箇条書き等、文中で項目を列挙する場合に使います。

- Three topics will be discussed in the meeting: new accounting

system, new bookkeeping procedure, and compliance procedures.
（会議では、3つのことが話されます。新会計システム、新記帳手続き、および法令遵守手続きです。）
- Please find attached the following items:
Meeting agenda
Your schedule
Directions to our office
（以下を添付いたします。
会議の議題
貴スケジュール
当社事務所への道順）

文中の言葉をより詳しく述べたり、例示したりします。つまり、and, for example, such as 等の代わりに使われます。

- I am not good at martial arts: karate, judo and kendo.
（私は、空手、柔道、剣道といった格闘技は得意ではありません。）
- I love listening to songs by Rod Stewart: "Can't Stop Me Now" is my recent favorite.
（ロッド・スチュワートの歌が好きです。最近のお気に入りは、「キャント・ストップ・ミー・ナウ」です。）

前の節を後ろの節が説明するような（理由、「すなわち」の意を表す等）場合に使われます。

- We may have to give up the plan: we have such a limited budget.
（予算が限られているので、計画を諦めなければならないかもしれません。）
- Our challenge is this: our resources are far too scarce.

（課題は、これです。つまり、資源があまりに少ないことです。）

▶引用符 (" ") (Quotation Marks)
新聞や雑誌の記事、論文の題名等を示します。

・I read your recent article in the Japan Times titled "A Brand New Age of TV advertisement".
（ジャパンタイムズ掲載の最近の記事「テレビ広告の新時代」を拝読しました。）

▶ダッシュ (—) (Dash)
前後を囲んで、文中の語句の補足説明をします。

・Only "seasoned applicants" — who have more than three years of experience in the industry — will be categorized as a "qualified candidate".
（経験ある応募者、つまり、業界での経験が3年を超える応募者のみが、「資格を備えた候補者」に区分されます。）

名詞を列挙した後に、すべてをまとめてひとことで表す場合にも使います。

・His devotion, years of experience and his personality – three factors make Bill Emerson an ideal candidate for the position.
（彼の献身、経験、そして人柄、それらすべてがビル・エマーソンが理想的な候補者である所以です。）

▶省略符号 (...) (Ellipses)
他の文書からの引用の際、その一部を省略する場合に使います。点は、3つ打ちます。

・"We have a challenging year ahead..." was the beginning of

our President's speech at the initiation ceremony for new employees.
（入社式での社長の講話は、「厳しい年が待っており...」という言葉で始まりました。）

▶カッコ ( ) (Parentheses)
略語を使う際に、囲みます。

・Government Pension Investment Fund (GPIF) is an independent administrative institution and manages one of the largest pools of retirement savings in the world.
（年金積立金管理運用独立行政法人は、世界で最大の年金基金のひとつです。）

4. 相手を動かしビジネスを進めるための3つのテクニック

明確な期限でタイム・マネジメント

「期限のない仕事は仕事ではない」という考え方を持っている人は多いかと思います。ビジネスの現場では、仕事がひとつしかないということはなく、多くの同時進行する仕事に優先順位をつけて、それが高いものからこなしていくということになります。

これを相手に何かを依頼するケースで考えると、期限を設定しない依頼をした場合、相手は、期限がはっきりと設定された依頼を優先し、あなたの依頼を後回しにする、あるいは最悪のケースではほったらかしにするということも考えられます。

また、期限をつける際も、「できるだけ早く」と依頼した場合でも、相手がその期限を具体的にどのくらいの時間内、あるいは日数、月数で終えるかは、こちらではコントロールできません（p.51を参照）。"Please reply immediately." と書いても、本当にすぐ対応しなければならないと感じる人から、1週間後に回答すれば良いと考える人もいるわけです。この範囲を皆さんはどう考えるのでしょうか。

では、"Please reply immediately." と書いたあなたは、具体的に、何分後に、何時間後に、あるいは何日後にその答えが欲しいのでしょうか。あなたが意図した期限は、相手の想定している期限と合致しているという保証はまったくありません。であれば、どうしたら良いのでしょうか？

答えは、「**具体的な数字で期限を設定する**」というほかにありません。

さまざまな期限の設定方法を、比較してみます。

曖昧	明確
by the end of the week	by 5 pm Friday
first thing in the morning	by 9 am tomorrow
as soon as possible (ASAP)	by 11 am today
within a week	by June 30
at your earliest convenience	by Wednesday, next week

表の左側の表現は、いずれも相手に期限設定を委ねてしまうリスクがあります。これに対し、右側では相手は逃げられません。仕事はやはり自分のペースで進めていかないと、さまざまな支障が出てきます。それを最小限にするためには、相手に対し、具体的で明確な期限を通知しましょう。もちろん、期限をはっきり設定することに躊躇する場面がまったくないとは言えませんが、仕事である以上、期限を明確に設定されたからといって、相手の感情を害することはほとんどないでしょう（もちろん、極端に短期間で大変な仕事を依頼する等無理な依頼をすれば、そういうこともあるでしょうが）。

▶国際間の通信での期限設定について

国内の相手方とのコミュニケーションにおいては、期限設定は前ページの表の表現で良いと思いますが、国際間のコミュニケーションにおいては、もうひとつ留意すべき点があります。それは、時差です。

「今週いっぱい」という期限設定をする場合は、おそらくあなたの意図は、日本時間での期限設定、具体的には日本時間の金曜日17時までということが多いでしょう。この期限を、海外の相手先に通知する時には、"By 5 pm, Friday." のみでは不十分です。この後に、"Japan Time"（または JST, Tokyo Time, our time 等）を付けるべきです。先方にとっては、極端に言えば、金曜日いっぱいに返事をしないと、あなたの設定した回答期限には間に合いません。「何も書いてなくても、日本から要求しているのだから当然日本時間の期限での回答が当然」と考えるのは、あまりに乱暴だと思います。

by 5 pm, Friday →　by 5 pm, Friday, Japan Time.
　　　　　　　　　by 5 pm, Friday, JST.
　　　　　　　　　by 5 pm, Friday, Tokyo time.
　　　　　　　　　by 5 pm, Friday, our time.

時々セミナーで質問が出るのは、期限設定を相手の時間で行なうのか、自分の時間で行なうのかということです。この点について私は、「自分の時間で設定して下さい」と伝えています。理由は、間違いが起こるリスクがあるか

らです。

　私も米国とベルギーという2つの外国に住んだ経験がありますが、彼の地にはいずれも、夏時間冬時間があり、私は毎年その調整を間違えていました。現地にいても間違うような時間設定ですから、そこに住んでいない人が間違う可能性はより高いでしょう。であれば、相手に対する配慮云々よりも、間違えた時の混乱を防ぐ方が優先度が高いと思います。

理由を添えたら相手は動かざるを得ない

　同じ仕事を頼まれても、その仕事を自分がやるべきかについて納得していない場合はあまり気が進みませんし、仕事もはかどらないものです。したがって、仕事を頼む立場の人は、相手に納得してもらう工夫をすべきでしょう。一番良いのは、その仕事を頼む理由をしっかり伝えることです。

　最も説得力があるのは、その仕事をすることが、引き受ける側にもメリットとなる理由でしょう。報酬が伴う等は、その典型です。あるいは、アクションを取らないと不利益が生じるケースもあります。

- Buy now as the sales expires on April 15.
  （すぐに購入して下さい。セールは4月15日までです。）
- We need your reply by 3 pm tomorrow Tokyo time or we will lose this account.
  （東京時間の明日午後3時までにご回答下さい。そうでなければ、この顧客との取引はなくなります。）
- We need to confirm your payment by 3 pm today to avoid delay charges.
  （延滞金の発生を避けるためには、本日3時までのお支払いが必要です。）
- The test must be completed by tomorrow. Otherwise, we cannot launch the new product on time.
  （実験を、明日までに終了させる必要があります。できなければ、新商品の発売が予定通りできません。）

・We would like to have your answer absolutely by Wednesday evening so that we can have enough time to prepare for the next board meeting to be held on this coming Friday.
(この金曜日に開かれる次の取締役会用の資料を準備する時間が十分取れるよう、絶対水曜日夕刻までには回答を願います。)

時には感情に訴える

ネイティブでない私たちが、日本語であれば出せる細かいニュアンスを英語だと出せないと感じることは多いものです。こうした際に、ちょっとした表現で、こちらの感情を伝える、あるいは相手の感情をくすぐるといったことが可能です。

例えば、何度依頼をしても返答をくれない相手には、ちょっとした文言を添えると、こちらのいらいら感を出せるでしょう。

・I'm writing <u>once again</u> to request your payment by June 30.
・As we requested <u>more than two weeks ago</u>, ...

また、人間、人に頼られると嫌とは言えない面があります。そのあたりを突いて、「～してもらえると助かる」「あなたが頼りです」のようなニュアンスを出すことも、時には有効ではないかと思います。ただし、同じ人にしばしば使うのは、避けた方が良いでしょう。誰にでもそう言っていると思われますので。

・I would be grateful if you could immediately provide us with the material we requested on March 12.
(3月12日に依頼申し上げた資料を、直ちにいただければ幸いです。)
・I totally depend on you on this.
(この件については、100%あなたが頼りです。)

また、時には、相手の立場に同情を示すことも有効です。

・Although I know that this may not be easy for you, I need to ask for your cooperation.
（難しいことは存じておりますが、ご協力をお願いしなければなりません。）
・I know that you are extremely busy, but I really need to confirm this by the end of this week.
（とてもお忙しいことは承知しておりますが、本件を今週末までに確認する必要があります。）

5. 英文Eメールを速く書く技術

英文Eメールを残業の理由にしないために

　先に触れましたが、Eメール研修の際に、私がEメール文書を作成するシナリオについて説明した後受講者に質問するのは、「日本語で、あなたがこのEメールを書くとしたら何分くらいで書き終えますか」というものです。基本的には、英文で書いても、「同じ内容なら、同じ時間内に書き終える」という目標を持って欲しいと思うからです。

　「英語だから無理」と思わず、具体的な目標を持つことがなければ、決してそのことは実現しません。本当に、こうしたことは、実現不可能なのでしょうか？　もう少し、実例に沿って考えてみましょう。例えば、「了解しました」というメッセージだけ送れば、取りあえずの用は足りるという場合、英語では"I understand."とだけ書けば、相手には意図は通じます。これなら、日本語で、「了解です」と書くのと同じ時間で書くことも無理ではないと思っていただけるのではないでしょうか。

　逆に、日本語では、自分の思いをうまく伝えられる分、余計なこともついつい書いてしまうかもしれません。英文で書く場合は、「あまり細かいことは伝えられないから、必ず伝えなければならないことだけしっかりと書こう」という気持ちになるかもしれないので、かえって短くする工夫が出て来るかもしれません。そうなると、日本語で書くよりも短い時間で書き上げることも可能になります。「短い時間でしっかり伝えるためには、何をすればよいか」を常に考えることで、日本語並みに速く書き終えることができるはずです。

　英文Eメールを書くことが、残業の理由にならないよう、最大限知恵を出してみましょう。ここでは、そうした工夫の一端をご紹介します。

まず足腰を鍛える（スーパー・マトリックスの効用）

　スーパー・マトリックスとは、大した仕掛けでもありませんし、私のオリジナルでもありません。ただ、これを「スーパー・マトリックス」と呼んだ

のは、私だけではないかと思います。なぜ、「スーパー」なのかというと、効果絶大だからです。基本文法の主要部分である動詞の活用法、それもさまざまな時制について、短時間で身体に染み込ませるには、かなり効果的な方法なのです。

そもそもスーパー・マトリックスとは何で、それを英語習得のためにどう使うのかということを説明しましょう。

まず縦7×横3のマス目を作ります。その縦のマスは、英語の主語の変化、つまり、I、he、she、you（単数）、we、you（複数）、theyになります。横のマスは、左から肯定文、否定文、疑問文となります（巻末の付録をご参照下さい）。

▶これをどう使うか？

私が大学の講義でやっている小テストでは、このマトリックスを全員に配り、私は、左端のマスに一文を入れます。例えば、"I am a student." これで準備は完了。事前に、学生一人一人に、100円ショップで買ってきたタイマーを渡しておきます。「用意ドン！」で学生たちは、残り20のマスを埋めていくわけです。

縦の変化は、次のようになります。

I am a student.
He is a student.
She is a student.
You are a student.
We are students.
You are students.
They are students.

横は、次の通りです。

I am not a student.（または、I'm not a student.）
He is not a student.（または、He isn't a student.）

She is not a student.（または、She isn't a student.）
You are not a student.（または、You aren't a student.）
We are not students.（または、We aren't students.）
You are not students.（または、You aren't students.）
They are not students.（または、They aren't students.）

さらに、横に行って、今度は、疑問文です。

Am I a student?
Is he a student?
Is she a student?
Are you a student?
Are we students?
Are you students?
Are they students?

これだけです。

　終わった学生は、タイマーで計った所要時間を、指定欄に記入し、全員が終わったら答え合わせです。通常は一人一人に順番に答えさせていき、間違った答えならその場で次の学生へ。正しい答えが出るまでこれを繰り返します。こうして自己採点させます（答案を交換させてお互いに採点をする方法も時々行ないます）。

　読者の中には、「なんだ、そんな単純なことか」と思う方も多いと思いますが、言葉の学習などしょせん同じことの繰り返しです。時間を区切って、集中して同じことをやらせれば、嫌でも覚えていくのです。

　答え合わせの後は、答案を回収します。

　私が改めて採点をし、基本的な間違いをしている者には、次の回にまた同じ文章を使ってテストをし、問題のない者には次の課題を与えます。この "I am a student." は be 動詞現在形の活用の練習ですから、例えば次は、"I play tennis." 等の一般動詞現在形の活用を練習させる。

こうして、次から次へと、左端に入れる文章を変えれば、問題は無数にできていきます。時制を入れ替えれば現在進行形、過去形、過去進行形、現在完了形、過去完了形と、どんどん表現力を増やしていけるのです。マトリックスには、最後に命令形を記入するマスを設けても良いし、時間を取ってテストできるなら、疑問文のマスの右に、Yes で答える、No で答える欄を設けても良いでしょう。もちろん、答えには、"Yes." とか "No." だけではなく、"Are you a student?" と聞かれたら "Yes, I am." と、"Do you play tennis?" と聞かれたなら "No, I don't." と答えて欲しいのです。

　これを、答え合わせを行ないながら繰り返していくと、正解率が上がり、解答時間も短くなっていきます。つまり、言葉の反射神経が良くなっていくのです。慣れてくると、簡単な文章の変換であれば、20マスを埋めるのに3分かからなくなります（答えは丁寧な字で書く必要はありません）。口頭での練習もできますが、それであれば1分台でも可能なのではないだろうかと思います。こうしてどんどん「使える英語」が蓄積されていきます。

　ある企業向けセミナーで、これを実際にやってもらったところ、一番前に座っていた女性が、「これ明日から、うちの中学生の娘と競争でやってみます！」と目を輝かせておっしゃいました。テレビゲームで一緒に遊ぶのも良いですが、スーパー・マトリックスを使って親子で遊んではいかがでしょう。親子の絆も強くなるし、親子とも英語の実力も上がるに違いない。一石二鳥です。

　巻末に、いくつかスーパー・マトリックスの練習帳を作ってみましたので、是非実行してみて下さい。案外、簡単なことを忘れていたりします。こんな地道なことでも、一日精々10分使ってやってみると、当たり前ですが、英文Eメールを書く時間も短縮されていきます。

▍辞書に頼らず速く書く発想の大転換：5W1H法があなたを助ける

　ここで、7ページで少しだけお示した5W1H法を思い出して下さい。そこでは Who we are （「弊社の概要」）という名詞句を作りました。

　こうした表現は、あまりにも基礎的な単語を並べているので、「稚拙である」

「子どもっぽい」と受け止める方もいるかと思いますが、そんなことはありません。例えば、海外の大手企業や国際機関のウェブサイトで、「当社概要」「当機関概要」にあたる部分の英語版を見て下さい。"Who we are" が多く使われていることに気がつかれると思います。堂々と使っていただきたいと思います。

例 ▶

"Who we are"
　　ゴールドマン・サックス証券株式会社
　　http://www.goldmansachs.com/japan/

"What we do"
　　The World Bank
　　http://www.worldbank.org/en/about/what-we-do

　私が、"Who we are" を持ち出すのには訳があります。
　それは、この "who" という「疑問詞」＋「主語」＋「誰でも知っているような動詞」の組み合わせが、とても便利であるからです。辞書がなくても、難しい単語を持って来なくても、すらすらと一文が書けてしまいます。大いにスピードアップです。日本語でこのような書き換え、つまり子どもでも分かるような言い直しを行なうとやや稚拙に聞こえるかもしれません。しかし幸いなことに、plain English（「平易な英語」の意）の考え方が浸透している英語圏の多くの国々では、これが十分立派なビジネス英語として通用しているのです。彼の米国元大統領ケネディ氏がその就任演説の中で述べた一節は、あまりにも有名です。これも、あなたが知っている単語ばかりで構成させていませんか。

　　"And so, my fellow Americans: ask not what your country can do for you—ask what you can do for your country."

もちろん、これは子ども向けの演説ではありません。5W1H等、誰もが知っている語句の組み合わせが英語ではパワフルです。これをEメール・ライティングに使わない手はありません。
　そこで以下に掲げる単語でビジネスに登場しそうな表現（「当社の業務」「この機械のしくみ」「当社製品の優位性」）を作ってみませんか。who、we、areと同様、皆さんが知らない単語はおそらくないと思います。動詞等は、場合に応じて形を変えても結構です。

we
how
this
machine
work
what
do
why
our
products
better
are

いかがだったでしょうか？　正解は、次の通りです。

　　当社の業務：　　　What we do
　　この機械のしくみ：How this machine works
　　当社製品の優位性：Why our products are better

これを応用すれば、次のような場面でも活躍すると思います。
　ある日、海外から1通のEメールがあなたのもとに届いたと想定しましょう。

あなたの会社が製造しているある製品に興味があり、条件が合えば販売代理店になりたいというような内容です。先方からの質問事項は、まず会社の概要、商品ラインナップ、海外での市場展開等について、大まかな説明が欲しいということのようです。この時、あなたが先方に出す返事には、日本語で出すとすれば、「当社概要」「当社業務ならびに製品ラインナップ」、「拠点」等を書くことになりますが、例えば、この「当社業務ならびに製品ラインナップ」をどう書いたら良いでしょう。皆さんは、すでに答えを持っていますよね。

こんな具合です。

Dear Mr. Gilbert,

Thank you very much for your message yesterday and for your interest in products.

In response to your inquiry, we are pleased to reply as follows:

Who we are:
We are a leading toy manufacturer in Japan founded in 1956. The firm is headquartered in Tokyo and has several manufacturing facilities across Japan.

What we do:
We produce toys mainly for babies and young children to the age of ten. Although we run some retail shops in Tokyo, these are mainly for marketing purposes and we distribute our products through our wholesalers throughout the country. Domestic sales account for 90 percent of our sales and we are interested in selling our products in overseas.

What we produce:

Please see our product lineup on the Web page below:
www.toyjapan.co.jp/products/

If you have further questions, please feel free to contact me at any time.

Mariko Suzuki, Sales Manager

訳▶──────────────

ギルバート様

昨日のメッセージありがとうございます。また、当社商品へのご関心にも感謝申し上げます。
お問い合わせに対し、次のように回答申し上げます。

当社概要
当社は、1956年創業の日本における玩具のトップメーカーです。本社を東京に置き、日本各地に生産設備を有しております。

当社業務
当社は、主に乳児および10歳までの児童を対象とする玩具を製造しております。東京で小売店舗を数店運営しておりますが、これらは主としてマーケティングを目的としており、商品の流通は、全国の卸売業者を通して行なっております。国内の販売比率が90%を占めており、海外での販売には興味を持っております。

当社商品
下記ウェブサイトにて、商品ラインナップをご覧下さい。
www.toyjapan.co.jp/products/

さらにご質問があるようでしたら、いつでもご遠慮なくご連絡下さい。

営業部長　鈴木真理子

　このやり方は、発想の転換を伴うので、セミナーなどで披露すると、8割の人が「なるほど」と納得してすぐに使い始めますが、2割くらいの人は「ついていけない」と途方に暮れた顔をします。そんな方には、「どうぞ辞書をご覧下さい」と申し上げています。押し付けるつもりはありませんが、ライティングを一挙に楽にし、速く書けるようになるので、お勧めしています。題して「5W1H法」です。

　スーパー・マトリックスは、いわば「書く力の筋トレ」的な存在ですが、この5W1H法は、筋トレではなく脳トレです。発想を変えないと書き方は変わらず、相変わらず辞書を引く非効率なライティングから抜け出せません。

　ここではスーパー・マトリックスも5W1H法も、書く力をつけるためのトレーニング、発想転換法としてご紹介しましたが、これらは、会話の訓練としても非常に役立ちます。特に5W1H法は、**名詞中心の発想から動詞中心の発想への大きな転換で、話すことが非常に容易になった**と感じていただける方法であると自負しています。皆さんに、是非お試しいただきたいと思います（研修での感想でも、この5W1H法は、多くの受講生に好評です）。

練習問題

次の表現を、5W1H法を使って言ってみましょう。

1. この書類の趣旨

2. 彼の人柄

3. 今年の目標

___

4. このアイデアを思いついた経緯

___

5. 私の入社動機

___

解答例

1. What this document is for
2. Who he is
3. What we are aiming at this year
4. How we came up with this idea
5. Why I joined this company

Part 3

覚えて活用したい定型表現 105

(英文Eメール「あるある」表現)

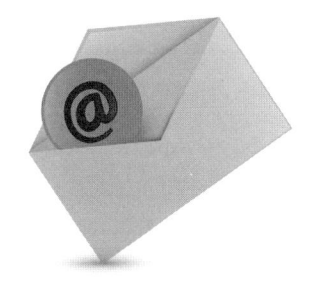

本書の冒頭で、コピペだけやっていても自律的ライティング力はつかないと書いたものの、自律的ライティング事始めは、やはり人マネです。ここではケース別に、使えそうな例文をご紹介します。

　特に、Eメール独特の状況、その際の言い回し等には、配慮したつもりです。例えば、添付するはずだったファイルを付け忘れた場合の表現、ついつい回答が遅れてしまった時の言い訳の方法等々、「あるある」集となっていれば幸いです。

　皆さんが、自律的ライターになるために、日々のEメール・ライティングの中で、ここにある表現を何度も使い、そのうちに、このリストを必要としなくなるくらい、繰り返し利用いただくことを期待したいと考えています。

　いくつか、ポイント解説をしておりますので、活用していただければ幸いです。

メールの書き出し
　・Dear Sir/Madam,（性別、氏名が判明しない場合）
　・Mr. Smith,（性別、姓が判明している場合、男性）
　・Ms. Gilbert,（性別、姓が判明している場合、女性）
　・Dear Kim Becker,（性別が判明しない場合）
　・Dear Customers,（特定のグループ向け）
　・Hi/Hello, Mr. Munson,（親しい相手）
　・Bob,（非常に親しい相手）

近況を尋ねる（短くすることがポイント）
　・I hope this email finds you well.
　　お元気のことと存じます。

> Eメールの冒頭でよく見かける表現です。使い慣れると便利な表現だと思います。また、何度も書きました通り、Eメールの冒頭で結論を書くのが本筋ですが、このような軽いあいさつや、結論を書く前提となったような出来事（相手の提案を受けて、それを慎重に検討した結果を知らせるような場合）を、This is to ... や I'm writing to ... で始まる文の前に書く場合が考えられます。その際も、こうした記述は、極力短くし、結論の登場があまり後ろにずれないようにすることが大切です。

- I hope all is well?
  すべて順調と存じます。
- I hope everything is going well with you.
  （同上）
- I hope everything is fine with you?
  （同上）
- I hope you had a nice weekend
  良い週末をお過ごしのことと思います。

自己を名乗る

- My name is Kenji Sato, Human Resources Manager at AAA Company.
  AAA社人事部長の佐藤健二と申します。
- This is Keiko Aida, who is writing to you on behalf of Jiro Takahashi, our President.
  社長の高橋次郎に代わり、相田恵子がご連絡しております。

> "on behalf of …" は、ビジネス・ライティングで、「～の代わりに」「～の代理で」の意味で使われることの多い表現です。もう少し平たい言い方は、"for" です。また、"on behalf of …" という語順のほか、"on Mr. Takahashi's behalf" や "on her behalf" などのように、名詞、代名詞を間に入れることも可能です。

- My name is Eiji Oyama, …
  自己紹介させていただきます。大山英治と申します。
- My name is Emi Yamada from the sales department.
  営業部に所属する山田恵美と申します。
- My name is Midori Akita, secretary to Jiro Takahashi.
  高橋次郎の秘書の秋田緑と申します。

連絡の目的を伝える

- I am writing to you to let you know that …
  ～ということをお知らせいたします。

- This is to inform you that I will be retiring this company as of September 30.

  9月30日をもちまして、退職することをお知らせします。

- I am writing to confirm our appointment set at 4 pm on June 30.

  6月30日午後4時のお約束を確認させていただきたく、連絡申し上げます。

- I am contacting you to inquire about your order placed on April 30.

  貴社から4月30日にいただいたご注文につき、照会申し上げます。

- My name is Akira Yamazaki from BBB Company and I am replying to your email inquiry dated May 15.

  BBB社の山崎彰と申しますが、5月15日付けの貴社よりのご照会に回答申し上げます。

ビジネスでは、「〜日付け」「〜日現在」等という表現をする必要がままありますが、この場合に便利なのが、"dated 日付"です。または"of 日付"でも結構です。また、同様の表現で、"as of"があります。この表現は、よく図表の右上に、「〜日現在」と表示する際に見られます。

相手からの連絡に対する応答

- Thank you for your email.

  Eメールをありがとうございました。

- Thank you for your inquiry.

  ご質問ありがとうございます。

- Thank you for your interest.

  （当社への）ご関心に感謝申し上げます。

相手からのメッセージに対し、結論を書く前に、連絡をもらったことへのお礼を書くのは、好ましいことと思えます。その他にも、依頼事項を引き受けてもらった、処理してもらった等、お礼すべきことはたくさんあるでしょう。それらのお礼を、さらっと冒頭に書くようにしたいものです。"Thank you for your interest."は、ウェブサイトで商品を見てEメールを送ってくれた先や見積もり依頼をくれた先へのお礼の言葉として使いたいものです。

- I have received your email regarding ...

  貴社の〜についてのEメールを拝受いたしました。

自社を紹介する

- Let me introduce us.
  当社について、紹介させていただきます。
- Please allow us to tell you what we do.
  当社業務について、説明させていただきます。
- This is when and how we started.
  当社の設立年と設立経緯です。
- We sell computers to retail customers.
  当社は、消費者向けにコンピュータを販売しております。
- Jiro Takahashi founded this company in 1950.
  当社創業者の高橋次郎が、1950年に当社を設立いたしました。
- This is what we produce.
  以下が、当社商品です。
- We are located at …
  当社所在地は…
- This is where we stand among our peers (competitors).
  以下が、当社の同業他社との競合状況です。
- We are number one in sales share and in profit within our industry.
  当社は、業界において、販売シェアならびに利益でトップです。
- We are a leading company in this field.
  当社は、この分野におけるトップ企業です。

相手について問い合わせる

- We are interested in your products.
  貴社商品に興味があります。
- We would appreciate it if you could send us information about your company.
  貴社に関する情報をお送りいただけると、有り難く存じます。

I (We) would appreciate it if you could ... は、ビジネス・コミュニケーションにおいては、盛んに使われる表現です。少し長いですが、丸ごと覚えてしまいましょう。この後に、動詞の原形がつながります。

　親しい間柄では、"Please ..." や "Can you ..." といった表現が使われます。もう少し丁寧な言い方には、"Could you ..." がありますが、"I'd appreciate it ..." の方が、よりフォーマル（丁寧）です。これよりフォーマルさを要する場合は、"I was wondering if you could ..." や "I would be grateful if you could ..." 等があります（p.59 参照）。

　若干文法的な説明をしますと、動詞 "appreciate" は他動詞で、すぐ後ろに目的語が来ます。しかし、この文では、いわば「真の目的語」である "if you could" 以下が長いので、「仮の目的語」である "it" が登場しています。また、"appreciate" の後には、～ ing（動名詞）の形も取れます。上記の文を、この形式で書き換えると、次のようになります。

・We would appreciate your sending us information about your company.

・Please tell us about your business.
　貴社業務について、ご教示下さい。

・What are your main products?
　貴社主力商品について、ご教示下さい。

・Please give us the background information of your email inquiry of September 30.
　9月30日にEメールでいただきましたご照会の背景についてご教示下さい。

　「Eメールによるご照会」は、"your request by your email" という書き方もできますが、"email" を形容詞的に使って "email inquiry" とするとスッキリした表現になります。

・Please provide us with some information on your financial status.
　貴社財務状況に関する情報の提供をお願い申し上げます。

・I am writing to inquire about your shareholders.
　貴社株主について、照会申し上げます。

・Please tell us about your competitive advantages.
　貴社の競争上の優位性についてご教示下さい。

・Are you interested in opening an account with us?
　当社との取引開始にご興味がございますか。

　「取引を開始する」に、"start a transaction" 等の訳を当てる人が研修ではよく見受けられますが、"open an account" が、より広く使われ、分かりやすい表現だと思います。

- Could you send us information on your company?
  貴社に関する資料の送付をお願い申し上げます。

会合、会議などを設定する

- We would like to set up an appointment with you at 9:00 am on October 1 if that is acceptable to you.
  差し支えなければ、10月1日午前9時にアポイントメントをいただきたく存じます。
- Let me arrange a conference call.
  電話会議を予定させて下さい。
- Shall we meet at our office on August 25?
  当社オフィスで8月25日にお会いしましょうか。
- Let me check the availability of our members involved in this project.
  プロジェクト関係者の予定を調べさせて下さい。
- How about 10 am Tokyo time (4 pm of the previous day your time)?
  東京時間の午前10時（貴地前日の午後4時）ではいかがでしょうか。

時間の表記については、相手のことを気遣って、当地時間と、相手地の時間を両方書いたり、相手地の時間だけを書くという考え方もありますが、私は当地時間を使っています（pp.79-80参照）。

- That is fine with us.
  それで結構です。
- Could we move the conference call to an hour later?
  電話会議を1時間後にずらしてもよろしいでしょうか。
- Shall we meet sometime next week?
  来週どこかで会いませんか。
- I will leave it to you when and where we should meet.
  会議の時間と場所については、あなたにおまかせします。

- 9 am on Monday is perfect for us.
  月曜日午前 9 時で問題ありません。

行き違い等の解消

- There seems to be some misunderstanding on ...
  いくぶん行き違いがあったようですが ...

「間違いがありました」という表現は、断定的で、相手に反論の余地を与えませんが、「～のようです」という言い方にすれば、トーンが和らぎ、相手との関係を良好に保てます。この際に、"seem" という動詞を使うか、あるいは "look like" という動詞句を使うのが便利です。いずれも「～のようだ」「～のように見える、思える」という表現です。

- Let me make sure that I understand it correctly.
  私の理解が間違っていないか、確認させて下さい。
- Please allow me to confirm one thing.
  一点確認させて下さい。
- Can we double-check the following points with you?
  以下の点を、再確認いただけませんか。
- Am I right in understanding that ...?
  ～と理解して間違いございませんか。
- Do I understand ...?
  ～と理解しておりますが。
- I am afraid we had a mix-up in our communication.
  残念ながら、意思疎通に混乱があったようです。
- I must have misunderstood the deadline.
  締切を誤って理解していたようです。

「～しました」というより「～したみたいです」と、少しぼかした表現をしたい時に、"must have ＋過去分詞" は便利な表現です。

- We are sorry to have misled you.
  誤解を与えてしまったようで、申し訳ございません。

- I'd like to apologize for any inconvenience this may have caused you.
ご迷惑をお掛けしたことをお詫び申し上げます。

相手に迷惑をかけたかもしれないと思われる時に、そのまま使える便利な表現です。

感謝

- Thank you very much for your help.
ご支援に感謝します。
- We appreciate your understanding on this matter.
本件に関わるご理解に、感謝申し上げます。
- We would like to express our gratitude.
謝意をお伝えします。
- Your cooperation would be much appreciated.
貴社にご協力いただければ、有り難く存じます。
- Please extend my appreciation to your staff.
何卒、職員の皆さまによろしくお伝え下さい。

お詫び

- Please accept our apologies.
お詫び申し上げます。
- We are sorry to have caused so much trouble.
ご迷惑をかけ、申し訳ございませんでした。
- We are sorry to have kept you waiting for long.
お待たせして申し訳ございませんでした。
- Very sorry for the last-minute change.
ギリギリのタイミングでの変更をお詫びします。
- It took some time to review your proposal.
貴社ご提案の検討に、少々時間がかかりました。

メールの送受信に関する事務的な表現

- Let me know when you receive this email.
  本Eメールが届きましたら、その旨ご連絡下さい。
- I don't seem to have received your reply to my email inquiry dated September 25.
  9月25日にお送りしたEメールによる照会に対するご返答をまだいただいていないようですが。

英語の問題ではないのですが、Eメールというものは、送ったら必ず相手に届くとは限りません。システムやネットワークの問題で、相手に届かない場合もあるので、一方的に相手が受け取ったはず、返事を送っていない等と決めつけることには、リスクがあります。そこで、「まだ受け取っていない」(We have not received your reply to our ...) と断定するよりは、「受け取っていないようだ」と書くことで、無用のトラブルの防止にもなります。そこで、上でご紹介した表現が活躍するわけです。

- Did you get my email regarding a conference call planned on Friday?
  金曜日に予定されている電話会議に関するEメールは受け取られましたか。
- We would appreciate your immediate reply to this email.
  本Eメールに直ちに返信いただければ幸いです。
- I need your urgent reply.
  できるだけ早いタイミングでの貴社ご回答を要します。
- Can you get back to me on this point by the end of the week?
  この点に関し、今週いっぱいにご返事いただけますか。
- This is in response to your inquiry dated April 25 regarding our products.
  当社商品に関する4月25日付けの貴社ご照会にお答えいたします。
- Referring to your email regarding our bank account ...
  当社銀行口座に関する貴社Eメールについてですが ...
- I will reply to your email by Tuesday next week at the latest.
  遅くとも、来週火曜日には回答申し上げます。
- I have attached the price list you requested.
  ご依頼により、価格表を添付いたします。

- Please find attached our price list you requested by your email.

  Eメールでご依頼いただいた価格表を添付いたしました。

- We are sorry we could not respond sooner.

  早くにご連絡できず、申し訳ございません。

> 何らかの理由で、通常よりも回答に時間がかかったような場合には、謝罪の言葉を入れることがあります。"sooner" や "earlier" という副詞の比較級がここでは活躍します。また、仮定法を使って、次のように書くことも可能です。
> - We wish we could have responded much earlier.

- Thank you for your email inquiry dated May 15.

  Eメールでの5月15日付けのご照会、ありがとうございました。

- Could you send us your price list as an attachment to your return email?

  折り返しのEメールに、価格表を添付していただけませんか。

- We will forward your email to the department responsible for handling this issue.

  本件の担当部門に貴社Eメールを転送させていただきます。

- Please fill out the attached form and send it back to us.

  添付のファイルにご記入の上、ご返送をお願い申し上げます。

- If you have any trouble opening the attached file, do not hesitate to let us know.

  添付ファイルを開く際に問題があれば、ご遠慮なくご連絡下さい。

- Please delete the file I attached to my previous mail immediately.

  先のメールでお送りしたファイルを直ちに削除して下さい。

- Please keep in mind that this information is strictly confidential.

  本情報は、厳秘扱いである点、ご留意下さい。

> ビジネスに機密事項はつきものです。個人情報の保護等、それを怠ったがためのペナルティは大きいものとなります。英語で「機密の」は "confidential"、これに「厳」を付けた "strictly confidential" は、よく見かける表現です。

- I do not seem to have received your file.

 ファイルが届いていないようですが。

- Please send the file again.

 ファイルの再送をお願いいたします。

- I forgot to attach the file to my previous email to you.

 先刻お送りしたＥメールに、ファイル添付することを忘れました。

時々犯してしまう誤りですね。こうした言葉をひとこと添えて再送しましょう。他に、"fail" という動詞もよく使われます。

　・I failed to attach the file to my previous email to you.

また、「先に送ったＥメール」という意味の "previous email" も有用性が高い表現です。もう一点。「危うく～するところだった」という表現では、"almost" という副詞が使われます。

　・I almost forgot to tell you an important thing.

　　（大事なことを、危うく言い忘れるところだった）

- I forwarded the email to you by mistake.

 誤って、Ｅメールを転送してしまいました。

- We successfully received your request by the deadline.

 期限通り、問題なく、貴社ご要望を受け取りました。

「問題なく」「無事に」「滞りなく」等の意味を出すには、述語となる動詞の前に "successfully" という副詞を入れると効果的です。「誤って」なら "mistakenly" です。

- We acknowledge your purchase order dated November 13.

 11月13日付け貴社ご注文の確認をいたしました。

- I cannot read your email because the text was garbled. Please resend it as an attached Word file.

 文字化けで、貴Ｅメールが読めません。ワードの添付ファイルで再送いただけませんか。

- Please disregard the previous email I have sent to you earlier.

 先刻お送りしたＥメールを無視して下さい。

- Can you email me scanned pictures in JPG format?

 JPG形式でスキャンした写真をお送りいただけませんか。

・I am sorry that I have sent you a wrong file.
間違ったファイルをお送りしました。申し訳ありません。

Part 4

トレーニング編

　ここでは、読者の皆さんに、実際のシナリオに沿ったEメール・ライティングに挑戦していただきます。練習問題のように、断片的に文を作成するのではなく、ひとつのEメールを、敬辞から結辞まで（つまり本文部分のみ）完成していただきます。
　トレーニングの狙いは、ひとことで言えば、本書で学習した点を活かすということですが、特に、このメールの結論は何か、次に相手に求めるアクションは何かという点をしっかり考えて、ライティングに反映していただきたいと思います。
　従来の類書では、ケース別の例文集が掲載されることが多いのですが、ここでのポイントは、そうした例文集の提供ではなく、自律的ライティングにつながる書くに際しての発想法の鍛錬です。個々の語彙の選択よりも、ロジックの流れが読みやすいものになっているか、何よりも結論が明快か、相手を動かせる文章になっているか等を、自分で評価できる眼力を是非養っていただきたいと思います。

シナリオ 1-1

あなたは大阪に本社を置くABC社(ABC Co., Ltd.)の営業担当・佐藤洋(Mr.)です。この度、前任の高村研一氏の後任として米国シカゴに本社を置く Chicago Steel Inc. を担当することとなりました(辞令は4月1日付け)。ついては、先方担当の Ms. Watson にEメールを送り、交代の旨と、近々出張の折りに立ち寄り挨拶をしたい旨を申し入れます。日程確定をしたいので、3つの日程を希望順(5月27日午後2時、5月26日午前10時、5月28日午前11時)に伝え、それらがだめなら、他の候補日が欲しい旨を添えます。あなたのシカゴ滞在日程は、5月25日(日)夕刻着、30日(土)早朝発。

Ms. Watson,

My name is Hiroshi Sato from ABC Co., Ltd. and I'm writing to inform you that effective from April 1, I replaced Mr. Kenichi Takamura as your account manager.

I would like to make a courtesy visit when I am in the Chicago area later this month.

In order of preference, my availability is as follows:

　　2 pm May 27
　10 am May 26
　11 am May 28

I will be in Chicago area from May 25 to 30 and if none of the above is convenient for you, please suggest some alternative dates.

I look forward to hearing from you.

Sincerely,

Hiroshi SATO
Account Manager
ABC Co., Ltd.

(和訳はp.118)

◆使える表現◆

1. "replace" は「~に置き換える」という動詞ですが、業務上の後任者になった際に、"I replaced ~" で「~の後任になった」という意味になります。
2. "in order of preference" を入れることで、箇条書き項目の希望順位が示せます。
3. "If none of the above are convenient" は「上記のいずれも不可の場合は」という意味。
4. "alternative dates" は「代替日」という意味です。

シナリオ 1-2

今度は、あなたは Chicago Steel Inc. の Ms. Watson です。シナリオ 1-1 の佐藤さんからの E メールに返事を書きます。佐藤さんが提示した 3 つの日程の内、可能な日は 5 月 26 日午前 10 時のみなので、その時刻で確定したいと連絡します。歓迎の言葉と案内の地図も添えましょう。

Mr. Sato,

Thank you for your message.
Congratulations on your new assignment and I look forward to working with you.

I am available to meet you in our office at 10 am on Tuesday, May 26 and please call me if you have any last-minute changes.

Attached is a map to our office from O'Hare Airport.

Have a safe flight and I look forward to meeting you.

Please give Takamura-san my best regards.

Best regards,

Mary Watson
Procurement Officer
Chicago Steel Inc.

（和訳は p.118）

◆使える表現◆
1. "last-minute changes" は「ぎりぎりのタイミングでの変更」です。便利な表現だと思います。
2. "give ～ my best regards" は「～さんによろしく」という表現です。

シナリオ 2-1

あなたは、ABC 社の販売担当の大木多恵（Ms.）です。
　東京の取引先である外資系企業の調達担当 John から商品番号 12345 を 1,000 個購入したいとの打診がありました。取引条件は配達が遅くとも 3 日後の 5 月 20 日(水)であること。しかし、1,000 個のうち 500 個は納期に間に合いますが、残り 500 個は、どう急いでも 5 月 21 日（木）となってしまいます。そこで John（男性）に E メールを送り、500 個のオーダーで発注するか、500 個を 5 月 20 日までに、残り 500 個を 21 日、合計 1,000 個の注文にするかを決めるよう照会します。

John,

Thank you very much for your provisional order of 1,000 units of our product #12345.
Unfortunately, we only have 500 units in stock due to high demand and we can ship immediately for the delivery to you on May 20.

We can ship the remaining 500 units tomorrow and they will be delivered on May 21.

Please reply before noon tomorrow if this is acceptable to you. If your reply comes in later than noon tomorrow, we cannot guarantee the delivery of the remaining 500 units on May 21.

If you have any questions, please call me at any time at 080-4321-9876.

Best regards,

Tae OHKI.

（和訳は p.119）

◆使える表現◆

1. "provisional" は「仮の」という意味です。先方の発注が条件付きであったような場合に使えます。また、こちらが条件付きの提案をする際は、"provisional offer" または "conditional offer" と表現できます。
2. "Unfortunately" と切り出すと、相手にとっては悪いニュースであるというメッセージが出ますが、直接的な表現を避けて、「残念ですが...」とひとこと付け加えると、緩衝剤のような働きをしてくれます。
3. "remaining" は、「残りの」「後の」という表現です。

シナリオ 2-2

今度は、あなたは、ABC 社の取引先外資系企業の John です。商品番号 12345 を 500 個、5 月 20 日 (水) に届けて欲しい旨連絡します。残り 500 個については、他を当たってみると返事しますが、将来的に 1,000 個一度に確保しようとすれば、最低何日前までの注文であれば、確実に品物を手に入れることができるか、質問して下さい。

Dear Tae,

Thank you very much for your prompt reply.

Please ship the 500 units in stock immediately for guaranteed delivery on May 20.

We will source the other 500 units from another supplier.

Please confirm your acceptance of our order for 500 units by return.

For future reference, please advise the standard lead time of your products.

Best regards,

John

(和訳は p.119)

◆使える表現◆
1. "prompt" は「迅速な」という意味ですが、"quick" や "swift" 等も使えます。
2. "by return" は「折り返しの E メールで」の趣旨です。前出 (p.vi 参照) のアイ・コミュニケーション社のアンケートでは、出した E メールに対して 24 時間経っても返事が来ないと、多くの人が不安や不満を感じるという結果も出ていました。これを敷衍すると、この "by return" を入れることで、24 時間以内の回答を期待できる確率が高まりそうです。
3. "For future reference" は「先々でのご参考に」という趣旨です。今すぐには役には立たないけれども、相手に伝えておいた方が良い情報を出す時に、便利な表現です。
4. "lead time" は、商品の発注から納品まで、あるいは製品の企画から生産開始まで等に要する期間を表します。

シナリオ 3-1

あなたは旅行会社勤務の高橋恵子 (Ms.) です。取引先の外資系会社の Mr. Rose からのメールで、ニューヨーク出張に関する飛行機とホテルの手配を頼まれました。日程は6月7日(日)発、6月13日(土)着。飛行機の予約は、多くの航空会社で可能です。予約の前に、航空会社の指定があるか、空港への行き帰りのリムジンの予約の要否、到着が早朝の場合の早い時間でのチェックインの要否、その他付随的に手配して欲しいことを、一通り問い合わせて下さい。

Mr. Rose,

Thank you very much for your email regarding your business trip to New York.
I would like to confirm a couple of things before making the arrangement as follows:

1. Which airline would you like to use?
2. Shall I arrange a limousine to and from the airports?
3. If your flight arrives early in the morning, shall I arrange an early check-in at the hotel?
4. Is there anything else I can help you with?

I will make the arrangements as soon as you confirm the above details.

Best regards,

Keiko TAKAHASHI   (和訳は p.120)

◆使える表現◆

1. 過不足なく相手から返答をもらうためには、こうした番号を付した箇条書きが便利です。相手も、いくつ答えを返したら良いのか明確に理解できます。

シナリオ 3-2

あなたは、Mr. Rose です。航空会社については、マイレージ・プログラムに加入しているANAにしたい旨、リムジンの手配を依頼したいこと、ホテルは 5th Avenue と 48th Street の交差点からあまり遠くなく、また、6th Avenue と 42nd Street にも便利が良いところに取って欲しい旨を伝えて下さい。また人と会う予定があるので早い時間でのチェックインの必要はないが、荷物だけフロントに預けられないか確認し、さらに、期間中のニューヨーク - ボストン間のシャトル便の時刻表も手配して欲しい旨を伝えて下さい。

Ms. Takahashi,

Thank you for your message.
In reply to your questions, please find my answers as follows:

1. Which airline would you like to use?
   I'd like to use ANA and my mileage program number is #123-456-789.
2. Shall I arrange a limousine to and from the airports?
   Yes, both to and from Narita and JFK.
3. If your flight arrives in the early morning, shall I arrange an early check-in at the hotel?
   No. However, I would like to leave my luggage at the hotel until I check-in.
5. Is there anything else I can help you with?
   I would like to stay at a hotel not far from 5th and 48th that has an easy access to 6th and 42nd.
   Can you send me the daily schedule of shuttle flights to Boston from New York?

Thank you for your assistance.

Best regards,

Ken Rose

（和訳は p.120）

◆使える表現◆

1. このメールでは、相手の質問を本文内にコピーし、各質問事項に答える形式を使っており、相手にとっては、理解しやすいフォーマットになっています。
2. "has an easy access" は「便利が良い」「足の便が良い」という意味です。"close to" あるいは "near" がより柔らかい表現でしょう。

シナリオ 4-1

あなたは、EFG 銀行の購買担当者の前島武です。

数日前、東京ビッグサイトで開かれていた「金融イノベーション・フェア 2015」に出席した際に目にした Edward Innovation Inc.（米国の会社）のスマートフォンを使ったオンライン・バンキング用アプリケーションに興味を持ちました。

より詳しい情報を知りたいので、Edward 社の担当に E メールを送り、資料を請求します。製品の特性のほか、Edward 社のバックグラウンド、財務情報も入手したいと考えています。また、日本に担当者がいるようなら、担当者に面談したい旨の申し入れもして下さい。

Marketing Manager,

I attended the "Financial Innovation Fair 2015" held at Tokyo Big Sight a couple days ago and visited your booth. I was particularly impressed by your new application for online banking.

I'd appreciate it if you could send me a detailed description of the application together with your corporate information.

If you have a representative here in Japan, I would be grateful if you could arrange a meeting with them.

I look forward to hearing from you.

Best regards,

Takeshi MAEJIMA

（和訳は p.121）

◆使える表現◆

1. "particularly"（「とりわけ」の意）のような副詞をはさむことで、表現のバリエーションを増やすことができます。
2. "I'd appreciate" の "I'd" は、"I would" の短縮形です。短縮形は、一般には「書き言葉では適切ではない」と考えられていますが、ネイティブには肯定派が多いようです。
3. "represent" は「代表する」という意味の動詞で、「代表する人」が "representative" です。プレゼン等でも、"I represent ABC Co., Ltd."（「私は ABC 社を代表して発表します」の意）のようによく使いますので、是非覚えて下さい。

シナリオ 4-2

あなたは Edward Innovation Inc. のマーケティング部長 Michael Murray (Mr.) です。前島氏からのメールに対し、メールへの感謝とともに、情報の提供を自社ウェブサイトで行なうこと、また東京に代理店 FGR Co., Ltd. があるので、そこの担当者松島氏 (Mr.) から前島氏に連絡させる旨を伝えて下さい。

Mr. Maejima,

My name is Michael Murray, Marketing Manager of Edward Innovation Inc.
Thank you for your interest in our product.

For further information on the application, product specification and our corporate profile including financial status and shareholders, please see the links below:

www.edwardinnovation.com/applicationabc
www.edwardinnovation.com/whoweare

Our sales agency in Tokyo is FGR Co., Ltd. and I'll ask Mr. Matsushima from FGR to contact you to arrange a meeting.

If you have any questions or do not hear from Mr. Matsushima, please let me know.

Best regards,

Michael Murray
Marketing Manager

(和訳は p.121)

◆使える表現◆
1. "Thank you for your interest" は、相手からの照会等、興味を示すメッセージが届いた時に、冒頭に入れると良い表現です。興味を持ってくれたことに対する素直な感謝を是非ひとこと表したいものです。
2. 箇条書きにつなげる文章では、"the following" や "below" 等の「以下の」を表す表現を使うとともに、最後は、ピリオドではなく、コロンを使いましょう。
3. 「~に連絡する」は "contact" という動詞がよく使われますが、"reach" という表現も使えることを忘れないで下さい。

シナリオ 5-1

あなたは東京にあるXYZホテル（XYZ Hotel）の予約係深沢ひろみです。

アメリカ在住のMs. Adams (Joan) から予約依頼の電話を受け、その際は、富士山が見える部屋（1泊30,000円）が空いていると回答しました。しかし、その後、富士山が見える部屋が確保できるという結果が出たのは、システムエラーのためで、実は予約した日程では、富士山の見える部屋は用意できないことが判明しました。

予約日程は、5月15日チェックイン、5月18日チェックアウトの3泊4日です。

あなたは、メールを送り、富士山が見える部屋ではなく、街が一望できる部屋（1泊25,000円）への予約変更を打診します。予約変更については、回答が日本時間で2日後（5月10日）の午後3時までに来なければ、部屋の確保を約束できない状況です。

Ms. Adams,

Thank you very much for your reservation.

We regret to inform you that we are unable to offer you a room with the view of Mt. Fuji. Due to malfunction of our computer system, I mistakenly told you that a room was available for the period you requested.

I apologize for the error and would like to offer you a room with a city view at a special price of JPY 25,000 per night for three nights from May 15.

Please be aware that this offer expires at 3 pm on May 10, Japan time.
I would appreciate it if you could confirm your acceptance by return.

Best regards,

Hiromi FUKAZAWA　　　　　　　　　　　　　（和訳はp.122)

◆使える表現◆

1. "We regret"のほかに、"We are sorry to..."や"I'm afraid that..."等の表現も、相手にとって悪い知らせを送る際の、緩衝剤的役割を果たします。
2. "due to"は「〜のため」という理由を示す際に、しばしば使われます。"owing to"も使えます。原因が良いことである場合は、"thanks to"（「〜のおかげで」）、因果関係を厳密に表現したい場合は、"because of"あるいは"as a result of"を使います。
3. "I would appreciate it if you could confirm your acceptance by return"は、折り返しで確認を取りたい時に非常に便利な表現です。是非覚えていただきたいと思います。

シナリオ 5-2

あなたは Ms. Adams です。
予定通りの日程で、街が一望できる部屋の予約を改めてしたいと伝えます。
朝食を 16 日〜 18 日に取りたい旨、その上で、総額でいくらかかるか、内訳とともに知りたい旨、付け加えて下さい。

Ms. Fukazawa,

Thank you for your email. I will take the room with the city view as you recommended.

I would like to have breakfast at the hotel each morning. Please let me know the total cost and breakdown by return.

Thank you for your assistance.

Best regards,

Joan Adams

(和訳は p.122)

◆使える表現◆
1. "breakdown" は「内訳」です。総コストと内訳を知りたい時に使えます。

和訳▶

＜シナリオ 1-1＞

ワトソン様

ABC社の佐藤洋と申します。4月1日より顧客担当の高村研一の後任として、貴社担当となりました。

今月後半にシカゴ地区におじゃまする際に、貴社訪問の上、ご挨拶を差し上げたいと存じます。

以下に私の貴社訪問可能時間を、希望順にお知らせします。

　　　　5月27日　午後2時
　　　　5月26日　午前10時
　　　　5月28日　午前11時

シカゴ地区滞在予定は、5月25日より30日ですが、上記のいずれもご都合が悪いようでしたら、いくつか候補日をいただけると幸甚です。

お返事を楽しみにしております。

佐藤洋
ABC株式会社　顧客担当主任

＜シナリオ 1-2＞

佐藤様

メッセージをありがとうございます。
ご着任おめでとうございます。今後ご一緒できることを楽しみにしております。

私の方は、5月26日（火）午前10時であれば、お会いできます。ぎりぎりのタイミングでの変更等ありましたら、お電話下さい。

オヘア空港から当社オフィスまでの地図を、添付にてお送りします。

旅のご無事をお祈りしつつ、また、お会いできますことを楽しみにしております。

高村様には、何卒よろしくお伝え下さい。

メアリー・ワトソン
調達部長

和訳 ▶

＜シナリオ 2-1 ＞

ジョンさん

商品番号 12345、1,000 個の仮注文ありがとうございます。
残念ながら、引き合い好調のため在庫が 500 個のみとなっており、それでしたら、5 月 20 日貴社到着にて即時出荷可能です。

残りの 500 個については、明日発送できますが、貴社到着は 5 月 21 日となります。

この条件でよろしければ、明日正午までにご回答下さい。ご回答が正午を過ぎますと、残り 500 個の 21 日配送を保証いたしかねます。

ご質問がありましたら、080-4321-9876 までご連絡下さい。

大木多恵

＜シナリオ 2-2 ＞

多恵さん

早速のご回答、ありがとうございます。

在庫のある 500 個については、5 月 20 日配送保証で、直ちに発送をお願いします。

残りの 500 個については、他社より調達いたします。

この条件での 500 個の注文につき、ご承認いただけるか、折り返しご確認下さい。

今後の参考のため、貴社商品の発送から納品までに要する時間につきお教え願います。

ジョン

和訳▶

＜シナリオ 3-1＞

ローズ様

ニューヨークへのご出張につき、ご連絡ありがとうございました。
手配を始めます前に、下記の通り、いくつか確認させていただきたく存じます。

1. 航空会社は、どこがご希望でしょうか。
2. 空港への行き帰りのリムジンの手配は必要でしょうか。
3. 便が早朝着の場合、ホテルの繰り上げチェックインは必要でしょうか。
4. その他に御用があれば、お知らせ下さい。

上記詳細を確認いただけましたら、直ちに手配をいたします。

高橋恵子

＜シナリオ 3-2＞

高橋様

メッセージありがとうございます。
ご質問にお答えします。

1. 航空会社は、どこがご希望でしょうか。
   全日空が希望で、マイレージ・プログラム会員番号は 123-456-789 です。
2. 空港への行き帰りのリムジンの手配は必要でしょうか。
   成田、JFK いずれも、行き帰りの手配を願います。
3. 便が早朝着の場合、ホテルの繰り上げチェックインは必要でしょうか。
   必要ありませんが、チェックインまで、ホテルでの荷物預かりを希望します。
4. その他に御用があれば、お知らせ下さい。
   ホテルは、5 番街と 48 丁目角に近いところで、かつ、6 番街と 42 丁目角への交通の便が良いところを希望します。
   また、ニューヨークからボストンまでのシャトル便の時刻表をお送り下さい。

お手数感謝申し上げます。

ケン・ローズ

和訳▶

＜シナリオ 4-1＞

マーケティング部長

東京ビッグサイトで数日前に開催された「金融イノベーション・フェア2015」に参加し、貴社ブースを訪問、オンライン・バンキング用アプリケーションに特に感銘を受けました。

アプリケーションの詳細説明と貴社概要に関する情報をいただければ幸いです。

日本に代表者がいらっしゃるようでしたら、是非お会いする機会をいただければ幸いです。

お返事をお待ちしております。

前島武

＜シナリオ 4-2＞

前島様

エドワード・イノベーションのマーケティング部長、マイケル・マレーと申します。
当社商品にご関心をいただき、感謝申し上げます。

アプリケーションの詳細情報、商品特性、および財務ならびに株主情報を含む当社概要につきましては、以下のリンクをご覧下さい。

www.edwardinnovation.com/applicationabc
www.edwardinnovation.com/whoweare

当社の東京での販売代理店はFGR社ですので、同社の松島に、貴社との面談設定を依頼いたします。

ご質問あるいは松島より連絡がないようでしたら、私までお知らせ下さい。

マイケル・マレー
マーケティング部長

和訳▶

＜シナリオ 5-1 ＞

アダムス様

ご予約ありがとうございます。

申し訳ございませんが、富士山を眺望できる部屋の予約ができません。コンピューター・システムの不調のため、ご滞在の期間中お部屋の用意ができると誤って回答申し上げました。

この故障のためご迷惑をおかけしますことをお詫び申し上げますとともに、街の夜景がご覧になれるお部屋を、特別価格1泊25,000円にて5月15日より3泊分ご提供申し上げることといたしました。

このご提案は、日本時間5月10日午後3時に終了いたしますことにご留意下さい。
折り返し、ご承諾の可否を確認下さいますよう、お願い申し上げます。

深沢ひろみ

＜シナリオ 5-2 ＞

深沢様

メールありがとうございます。お勧めいただいた街を眺望できる部屋の予約をお願いします。

毎朝の朝食はホテルで取りたいと思っております。総費用と内訳をお送り下さい。

お手数感謝申し上げます。

ジョアン・アダムス

付録

スーパー・マトリックス

pp.124-127 の変換練習は、変換スピードを機械的に引き上げることを目標にしています。変換の結果として作成された文には、意味上不自然なもの、ほとんど使われないようなものも含まれている点については、お含み置き下さい。

1. Be 動詞の活用：I'm (I am) a business executive.

	肯定文	否定文	疑問文
I	I'm a business executive.		
He			
She			
You（単数）			
We			
You（複数）			
They			

◀解答▶

	肯定文	否定文	疑問文
I	I'm a business executive.	I'm not a business executive.	Am I a business executive?
He	He's a business executive.	He's not a business executive.	Is he a business executive?
She	She's a business executive.	She's not a business executive.	Is she a business executive?
You（単数）	You're a business executive.	You aren't a business executive.	Are you a business executive?
We	We're business executives.	We aren't business executives.	Are we business executives?
You（複数）	You're business executives.	You aren't business executives.	Are you business executives?
They	They're business executives.	They aren't business executives.	Are they business executives?

　このケースは補語が名詞"business executive"ですが、これを形容詞にした場合、二人称（you）は単数でも複数でも、文の形が変わらないことに気をつけて下さい。

2. 一般動詞の活用：I sell cars.

	肯定文	否定文	疑問文
I	I sell cars.		
He			
She			
You（単数）			
We			
You（複数）			
They			

◀解答▶

	肯定文	否定文	疑問文
I	I sell cars.	I don't sell cars.	Do I sell cars?
He	He sells cars.	He doesn't sell cars.	Does he sell cars?
She	She sells cars.	She doesn't sell cars.	Does she sell cars?
You（単数）	You sell cars.	You don't sell cars.	Do you sell cars?
We	We sell cars.	We don't sell cars.	Do we sell cars?
You（複数）	You sell cars.	You don't sell cars.	Do you sell cars?
They	They sell cars.	They don't sell cars.	Do they sell cars?

　一般動詞の活用では、二人称で文の形が同じになる点、三人称（he, she, it 等）では"do"ではなく、"does"が助動詞として登場することに注意して下さい。

3. 未来形（助動詞を使う文）：I'll (I will) send you an email.

	肯定文	否定文	疑問文
I	I'll send you an email.		
He			
She			
You（単数）			
We			
You（複数）			
They			

◀解答▶

	肯定文	否定文	疑問文
I	I'll send you an email.	I won't send you an email.	Will I send you an email?
He	He'll send you an email.	He won't send you an email.	Will he send you an email?
She	She'll send you an email.	She won't send you an email.	Will she send you an email?
You（単数）	You'll send you an email.	You won't send you an email.	Will you send you an email?
We	We'll send you an email.	We won't send you an email.	Will we send you an email?
You（複数）	You'll send you an email.	You won't send you an email.	Will you send you an email?
They	They'll send you an email.	They won't send you an email.	Will they send you an email?

　一般に、"will" という助動詞を使う言い方を未来形と言っていますが、動詞自体の形が変化するわけではないので（過去形の場合は、動詞自体が go → went のように変化します）、動詞の未来形というものは本来ありません。現在形、現在進行形等の形を使って、近未来の行動を表すことができます。

　もう一点注目いただきたいのは、助動詞を使うと、活用が極めて単純化されることです。つまり、主語が変わっても動詞の変化はありません。助動詞の後に来る動詞の形は、常に原形となっています。"will" 以外の助動詞（代表格の "can" 等を、この表に入れてみて下さい）でも、まったく変わらないのです。

4. 現在完了形：I've (I have) finished the job.

	肯定文	否定文	疑問文
I	I've finished the job.		
He			
She			
You（単数）			
We			
You（複数）			
They			

◀解答▶

	肯定文	否定文	疑問文
I	I've finished the job.	I haven't finished the job.	Have I finished the job?
He	He's finished the job.	He hasn't finished the job.	Has he finished the job?
She	She's finished the job.	She hasn't finished the job.	Has she finished the job?
You（単数）	You've finished the job.	You haven't finished the job?	Have you finished the job?
We	We've finished the job.	We haven't finished the job.	Have we finished the job?
You（複数）	You've finished the job.	You haven't finished the job?	Have you finished the job?
They	They've finished the job?	They haven't finished the job?	Have they finished the job?

　ここで、I've finished the job. の否定文を I don't have finished the job. と、また疑問文を Do you have finished the job. と活用しませんでしたか。一見すると、「正解！」と言ってしまいそうなのですが、これは、文法上は間違いです。

　こうした間違いが起こるのは、"have" を「完了形をつくる助動詞」としてではなく、「『持つ』という意味の一般動詞」と勘違いしているからです。完了形に登場する have, has, had（あるいは、未来完了では will have）は、助動詞です。ですから、前出の助動詞 "will" の時と同様に、否定文を作る際には、助動詞の後に "not" を、疑問文を作る際には、助動詞と主語が入れ替わるのです。なお、完了形の助動詞の後に来る動詞は、過去分詞である点にもご注意下さい。

おわりに

　冒頭に書きました通り、この本は、私がこれまでセミナーで述べてきたような事柄を中心に、英文Eメールを書き始めた悩み多き皆さんに、少しでもその悩みを解消していただきたいとの思いから書いたものです。
　これも繰り返しになりますが、ほとんどの記述は、これまで英文Eメールを仕事の道具として使ってきた私自身の工夫の集積と言うべき内容です。したがって、思い違いがあるかもしれません。改善すべき点も多々あろうかと思います。一方で、英文Eメールについて研修することを生業としている関係上、多くの英文Eメールに関する書籍、ネット情報等、さまざまな情報ソースの研究もしています。それらを見ると、新たな発見もありますが、「自分のやって来たことは間違っていなかった」という感慨を持つことも少なからずあります。
　こう考えてみると、本書を上梓することは、私にとっては、到達点ではなく、今後研修等で提供していくべき中味をより充実していくために、多くの読者からの反応をいただくための契機であると思っています。
　冒頭で述べたことの繰り返しになりますが、私が読者の皆さんにしっかりと意識していただきたいのは、「自律的ライティング」の書き手になることが重要であるということです。多くの方は、「英文Eメールなんて、お手本のコピペをしていれば何とかなるさ」と思われているのですが、本格的に多くのメールを日常的に書いていくということになれば、コピペや辞書に頼る書き方では、とてもビジネスで要求されるスピードで書くことはできません。
　これに関連して、「英語で書くのだから、日本語で書くときよりも時間がかかるのが当たり前」とする意識も捨てていただきたいのです。本書でご紹介した方法で、数をこなしていけば、必ず、日本語と英語のライティングを、ほぼ同じ時間内に書くことが可能になると思います。
　言葉の学習は、勉強というより訓練です。
　上達するために訓練を要するものと言えば、スポーツや楽器等が代表的で

すが、これらは「知識ではなく技能」です。言葉の学習も、知識の獲得ではなく技能の獲得です。つまり、練習を多く積む以外に上達の道はありません。逆に言えば、練習をしっかり積めば、誰でも習熟できるということです。

　私は、語学という言葉があまり好きではありません。むしろ、「音楽」と同じように「語楽」と呼ぶ方が、ことの性質上正しいのではと思っています。つまり、楽しみながら、練習を積み重ねることで、わがものにすることができる。本書が、皆さんのそうした英文ライティング技能、さらには英語全般の技能習得を楽しくするきっかけになってくれればと願っています。

　最後に、遅筆の私を、辛抱強く励まして下さった研究社の杉本様、研究社さんとの橋渡しをいただいた同志社大学名誉教授の亀田尚己先生に感謝したいと思います。いつも息子が本を書くというと、「読みやすい」と喜んでくれる両親、そして、あらゆる面で私を支えてくれる妻晶子にこの本を捧げたいと思います。

◀著者略歴▶

戸田博之（とだ・ひろゆき）

　広島県生まれ。東北大学法学部卒業。在学中に1年間、カリフォルニア大学サンタバーバラ校に留学。住友銀行（現三井住友銀行）入行。海外勤務を含む海外関連業務に主に従事の後、米国で独立。日系企業の米国進出支援、人材紹介業等に従事。2001年より米系資産運用会社東京拠点に勤務。投資信託販売業務に従事。米国と国内保険会社との合弁会社にて米国のノウハウを活かして営業企画に携わる。

　2011年、オフィス エイ・エイチ代表。2014年10月より英文Eメールを中心としたビジネス英語教育のプロフェッショナル集団「ブルー・ハット・グループ」(http://www.blue-hat-group.com/)代表兼チーフ・インストラクター。明星大学英語講師。2015年4月、東京大学大学院修士課程（総合文化研究科言語情報科学専攻）入学。

　日本プレゼンテーション協会認定講師、一般社団法人日本ビジネスメール協会認定講師、英検1級、通訳ガイド（英語）、ビジネス通訳検定2級（逐次通訳プロレベル）、TOEIC980、DC（確定拠出年金）プランナー1級。

　ビジネス英語、英語メール、英語プレゼンテーションおよび金融商品と社会保険関連や日本語メールのセミナー、研修講師を多数つとめる。また、金融ライターとして、『東洋経済』等の一般経済誌ほか、金融業界誌への寄稿多数。金融・ビジネス一般に関する翻訳・通訳も手掛ける。著書に、『投信・個人年金セールス実践マニュアル』（こう書房）、『これで安心！年金をしっかりもらう本』（秀和システム）等がある。

＜英文校正協力＞

アントニー・ジェラード・フォード（Anthony Gerard Ford）

　「ブルー・ハット・グループ」シニア・インストラクター。

　英国生まれ。英国カーディフ大学、応用数学科卒業。英国ヘリオット・ワット大学院卒業、MBA取得。英国オックスフォード・インストゥルメンツ株式会社入社。科学研究の専門家として、強力磁石の理論的設計と解析を行なう。

　古河電工との製造合弁会社を設立のため来日し、取締役に就任。オックスフォード・インストゥルメンツ東京事務所を設立し、後にオックスフォード・インストゥルメンツ株式会社を設立。取締役、営業部長として、日本の多国籍企業と十年以上にわたり信頼関係を築き上げる。

　ミレニアム・サイエンス・フォーラムを企画、有望科学者の表彰を毎年行なう。2014年よりオックスフォード・インストゥルメンツのコンサルタントに従事。これまでの経験から、異文化コミュニケーションにも造詣が深い。

英文ビジネスEメールがサクサク書ける
自律的ライティングのすすめ

2015年9月1日　初版発行

著者
戸田博之
© Hiroyuki Toda, 2015

KENKYUSHA
〈検印省略〉

発行者
関戸雅男

発行所
株式会社　研究社
〒102-8152　東京都千代田区富士見2-11-3
電話　（営業）03-3288-7777（代）　（編集）03-3288-7711（代）
振替　00150-9-26710
http://www.kenkyusha.co.jp

印刷所
研究社印刷株式会社

装丁・本文デザイン
小島良雄（有限会社スタジオジェイズ）

ISBN978-4-327-43085-6　C1082　Printed in Japan